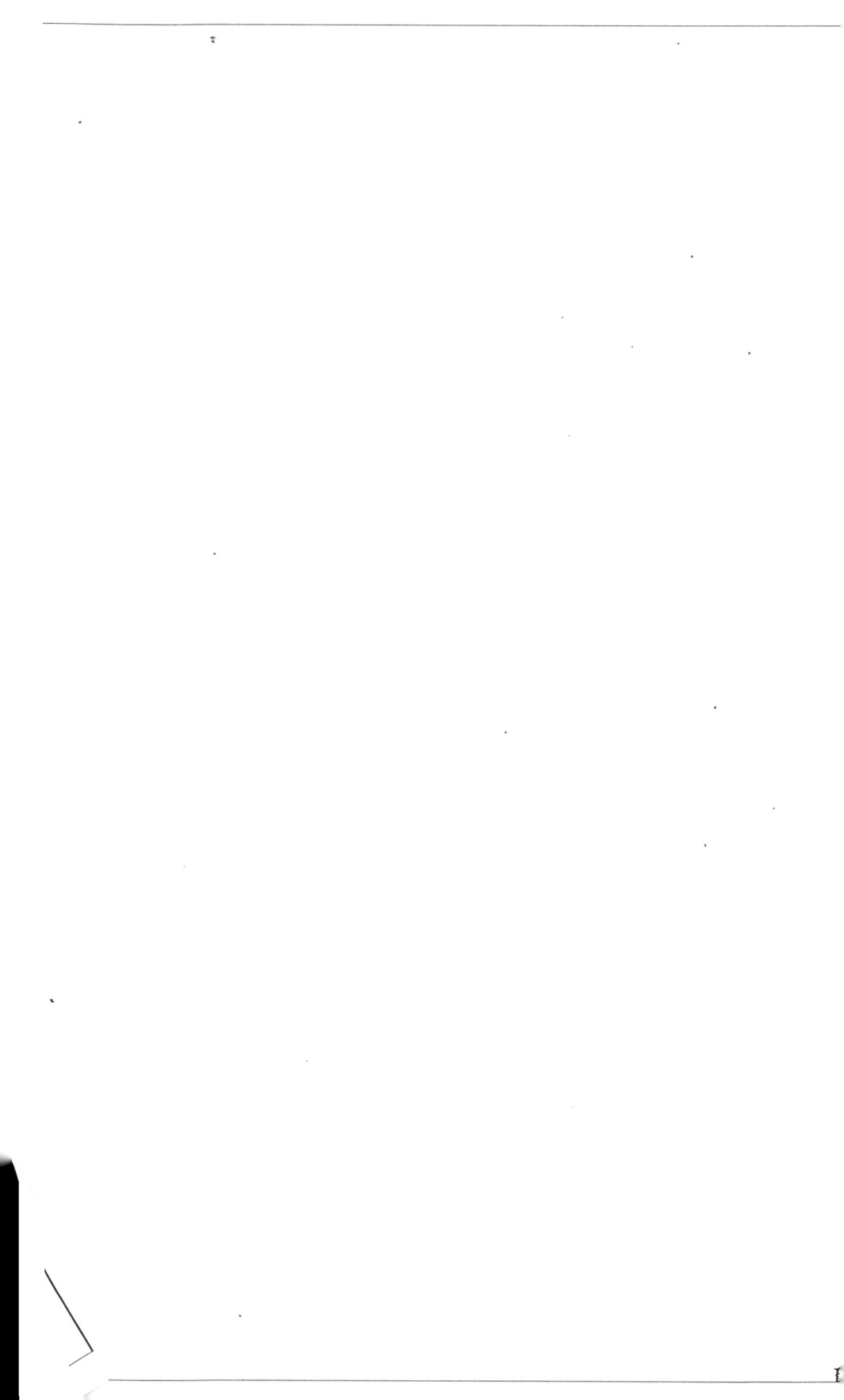

NOTICE HISTORIQUE

SUR LE BUIS

(DRÔME)

PUBLIÉE SOUS LE PATRONAGE DE M. LE PRÉFET ET DES MEMBRES
DU CONSEIL GÉNÉRAL DE LA DRÔME.

NOTICE HISTORIQUE

SUR

LE BUIS

(Drôme)

PAR L'ABBÉ A. VINCENT

Membre de l'Institut historique de France

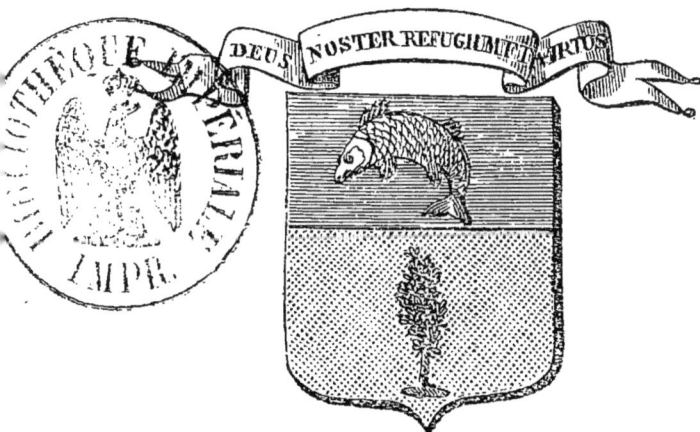

DEUS NOSTER REFUGIUM ET VIRTUS

VALENCE

IMPRIMERIE DE MARC AUREL

IMPRIMEUR DE L'EMPEREUR

1858.

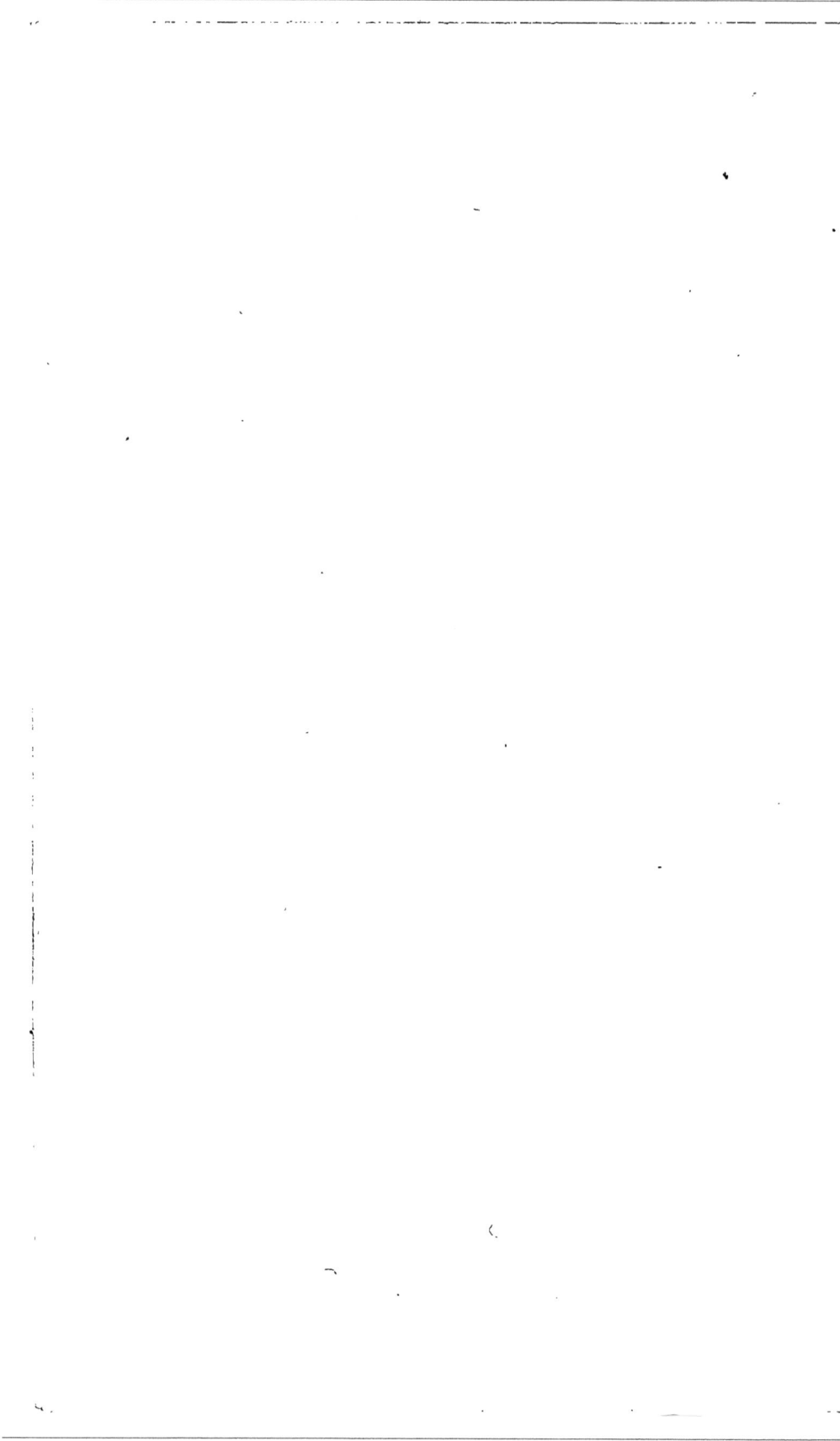

NOTICE HISTORIQUE

SUR LE BUIS

Par l'Abbé A. VINCENT

Membre de l'Institut historique de France
et correspondant du Ministère de l'Instruction publique
pour ses Travaux historiques.

———◇◇◇———

Réveiller les souvenirs du pays natal, peindre
les mœurs et les agitations des aïeux, mettre au
jour les événements dont furent le théâtre nos
villes et nos bourgs, c'est là une tâche utile, mais
semée de difficultés. Souvent à l'aide de documents
authentiques qui éclairent sa marche, l'historien
peut remonter à plusieurs siècles; il découvre de
nouveaux horizons et saisit la physionomie de
sociétés aujourd'hui mortes et oubliées. Entraîné
par un instinct mystérieux, il veut arracher tous
ses secrets au passé et, fier des conquêtes déjà
acquises, scruter jusqu'à l'origine et au point de
départ de la chaîne des faits; mais alors le flambeau
s'éteint; l'obscurité et le chaos sont devant lui; ses

pas mal assurés le conduisent hors du but, et contraint de s'arrêter, parce que la vérité ne brille plus à ses yeux, il a recours aux conjectures et aux inductions pour expliquer ce qu'il n'a pu voir et toucher. Ce dénoûment est réservé à l'explorateur le plus habile; il est au bout de toutes recherches ayant trait à l'existence de nos petites cités.

Les annales du Buis viennent à l'appui d'une observation que nul ne contredira. Fécondes, riches et pleines d'intérêt dans la seconde période du moyen-âge, elle ne laissent rien apercevoir à notre curiosité au-delà du dixième ou du onzième siècle. Aux regards étonnés s'offre une ville opulente très-peuplée et revêtue de ces conditions de force et de prospérité qui seules puissent dénoter une origine reculée; mais cette origine se rattache-t-elle aux Celtes, aux Romains, ou fut-elle purement féodale? l'appellation de *Buxum*, en français Buix et Buis, semble éloigner toute connexité avec la domination des Césars dans les Gaules. La nature aussi de sa position n'est point en rapport avec l'usage où étaient les anciens peuples d'asseoir leurs cités et leurs camps sur le sommet ou le flanc d'une colline, afin de se ménager une défense plus facile contre les agressions du dehors.

Si en face de ces considérations, on ne donne au Buis qu'une fondation postérieure à l'invasion des Romains, du moins, on ne refusera pas à son territoire le privilège d'une antiquité à laquelle ne saurait prétendre son agglomération. Quelques auteurs ont placé le Buis dans le district des *Voconces*; d'autres le font dépendre des *Médulles*, peuplade gauloise mentionnée par Pline et Strabon. L'étude des contextes et la similitude des noms corroborent cette dernière opinion et lui impriment un cachet de vraisemblance qui n'échappe à personne. Le cantonnement des *Médulles* correspondrait donc aux baronies du moyen-âge désignées sous le nom de Mévouillon et de Montauban. En effet, Mévouillon ou Meuillon est qualifié dans les vieux titres de *Castrum Medullionis*; il y a là une analogie frappante dont il faut tenir compte et devant laquelle s'affaiblissent les conjectures du géographe d'Anville, qui transfère les *Médulles* à Miolans en Savoie (1). Le Buis ayant toujours fait partie de la baronie de Mévouillon, ne peut-on pas en inférer qu'il appartenait aux *Médulles* plutôt qu'aux *Voconces*.

Quoiqu'il en soit de cette question pour longtemps controversable, *Voconces*, *Médulles*, *Tricoriens*, subirent le joug d'un même vainqueur, et se fusionant avec lui, perdirent leur caractère de nationalité pour recevoir les mœurs et la civilisation des conquérants. Habiles à coloniser et prompts à étouffer tout germe d'indépendance et de liberté, les Romains couvrirent le sol de châteaux, de tem-

(1) Notice de l'ancienne Gaule, par d'Anville, page 451.

ples, de routes et de monuments. Selon un commentaire de Jules-César, à peu de distance du Buis, s'élevait une ville fortifiée sous le nom d'*Arx Apollinaris*. Les débris de constructions gisant sur la montagne d'Ubrieux ou d'Ubrils, constitueraient les vestiges d'une citadelle bâtie par les Romains que frappa un site si favorable à leurs desseins. Ce mont domine à la fois la vallée du Buis et celle de Vercoiran. De précieuses découvertes faites dans le dix-huitième siècle attestent hautement que le territoire du Buis fut peuplé et habité par la race conquérante. Partout où elle dressait sa tente, des édifices, de splendides *villas*, des bains, des tombeaux marquaient son passage et redisaient sa grandeur et sa force alors même qu'elle n'existait plus. En remuant la terre aux pieds d'Ubrils, des ouvriers trouvèrent une urne sépulcrale contenant encore des cendres et des ossements ; ce vase portait l'inscription latine : ARETIVS, nom du défunt ou du potier. Plus tard, et au même lieu, les travaux envahissants de l'agriculture étalèrent, sous les yeux d'un vigneron ébahi, des couteaux de forme variée, une espèce de faulx, des ciseaux de menuisier, des bracelets et divers instruments de bronze antique, signes certains du séjour des Romains dans cette vallée (1).

Bientôt leur vaste empire s'écroule ; ils fuient

(1) Almanach du Dauphiné, 1787, page 225.

devant les hordes innombrables que la Providence appelle du fond de la Germanie pour châtier et humilier leur orgueil. Pendant cette lutte de la civilisation payenne aux prises avec la barbarie qui triomphe, le sol n'offre plus que des ruines ; les villes et les bourgs disparaissent brûlés et saccagés. La campagne redevenue solitaire présente un spectacle de mort et de deuil. C'en était fait de la société, si le Christianisme, déjà implanté dans les Gaules, n'eût projeté son divin éclat sur cet immense chaos. A sa voix, un nouveau monde se forme ; les vainqueurs subissent, à leur insu, l'action rénovatrice d'une puissance mystérieuse qui les subjugue, les adoucit et les dispose à marcher en des voies inconnues.

A cette époque de tiraillements et de secousses se rattache la fondation de ces monastères et de ces prieurés qui ont donné naissance à la plupart de nos villes et de nos bourgs. L'incunable du Buis ne porte point, comme tant d'autres lieux, le sceau d'une consécration religieuse ; ce n'est point une croix qui ombragea son berceau et attira ses premiers habitants. La tradition, d'accord avec l'étymologie de son nom, lui attribue une origine toute empreinte de grâce et de poésie. Au sein du vallon, non loin de l'Ouvèze (1) à l'endroit même qu'occupe de nos jours la petite cité, s'élevait un buis

(1) En latin du moyen-âge *aqua Ovidiæ* ou *Lovesa*.

1*

colossal près d'une fontaine. La présence de cette source offrait de trop grands avantages pour qu'elle passât inaperçue ; voulant en jouir plus commodément, quelques familles adonnées à la culture des champs, rapprochèrent leurs demeures et bâtirent tout autour de nouvelles constructions qui, groupées, formèrent un hameau naturellement désigné sous le nom du magnifique arbuste, son ornement et son caractère le plus distinctif. La richesse du territoire et la douceur du climat provoquèrent un mouvement d'immigration toujours croissant, et cette population, naguère si faible, acquit promptement de l'importance, et avec cette importance vit grandir le modeste nom qui résumait pour elle ses sentiments les plus intimes et ses intérêts les plus chers (1).

L'absence de tout document certain ne nous permet pas de fixer l'époque de cette transformation ; elle fut l'œuvre du temps et ne dut s'opérer, selon toute probabilité, qu'au cinquième ou au sixième siècle. Étranger à la domination romaine, né après sa chûte, le nouveau bourg avait devant lui l'avenir et l'avenir l'appelait à prospérer et à se développer. Ses habitants eurent à traverser les phases et les variations politiques de la province viennoise d'abord tombée au pouvoir des Burgondes,

(1) Description du Dauphiné, par Aymar-du-Rivail, traduit par Macé, page 105.

puis incorporée à la monarchie des Francs sous les fils de Clovis.

Charlemagne, issu du glorieux vainqueur des Maures, réunit sous son sceptre les Gaules, les Espagnes, la Germanie, l'Italie et fonda un des plus beaux empires dont l'histoire ait conservé le souvenir; mais son héritage, confié à une main débile, se brisa, et, morcelé, devint la proie des grands feudataires de la couronne investis de gouvernements à titre de bénéfices militaires. Parmi les royautés qui naquirent de cette dislocation, apparut, en 879, celle de Boson. Ses états embrassaient la Provence, le Dauphiné, le Lyonnais, la Franche-Comté et une partie de la Bourgogne (1). Au commencement du onzième siècle, Rodolphe III, dit le *Fainéant*, s'endort dans une lâche oisiveté, alors que l'usurpation levant la tête, le dépouillait de ses prérogatives ou de ses domaines territoriaux. A ce démembrement du second royaume de Bourgogne érigé à Mantaille, les baronies doivent leur indépendance et leur existence propre. Tandis que les Poitiers et les comtes d'Albon, tandis que des hommes de guerre et de puissants vassaux se composent de brillants apanages, une famille, leur rivale en audace et en ambition, secouait aussi le joug de l'autorité et prenait possession de cette contrée du Dauphiné, qui depuis joua un si grand

(1) Histoire de Provence, par ' apon, tome 2, page 132.

rôle dans l'histoire de la province, sous le nom de baronies de Mévouillon et de Montauban.

Rodolphe III ayant légué sa couronne à Conrad II, empereur d'Allemagne, l'éloignement du titulaire favorisa de-coupables desseins, et quand, libre de tout embarras, il voulut revendiquer ses droits, c'était trop tard; il dut se contenter d'une stérile suzeraineté reconnue de loin en loin par les seigneurs du Dauphiné. C'est ce devoir de l'hommage féodal qui attira Reymond de Mévouillon à Arles pour assister, en 1178, au couronnement de Frédéric Ier, comme roi de l'ancien royaume d'Arles et de Bourgogne (1). Par une bulle du 7 août de l'année suivante, l'empereur d'Allemagne lui donnait en toute souveraineté les deux baronies dont il jouissait et ne se réservait qu'une juridiction fictive et nominale.

Possédées par le même seigneur, puis divisées, les baronies formèrent le lot de deux familles distinctes; celle à qui échurent en partage Mévouillon et ses dépendances est constamment désignée par les historiens, sous le nom générique de Reymond. Un baron de Mévouillon prit une part active à la troisième croisade. Quelques-uns de ses successeurs, guidés par des instincts plus pacifiques, entrèrent dans l'ordre des Frères-Prêcheurs, abjurant un

(1) Histoire de Provence, par Papon, tome 2, page 258. — Archives de la chambre des comptes.

pouvoir sans attraits pour eux. Presque tous, à raison de leur haute position, se sont trouvés mêlés aux affaires et aux transactions qui eurent lieu, soit en Provence, soit en Dauphiné. En énumérant les terres et les fiefs de leur petit état, en tenant compte aussi de leurs alliances, des forces dont ils pouvaient disposer, on comprend à quel degré d'influence ils durent s'élever.

Cependant, malgré le soin qu'ils prirent de briser toute entrave mise à leur autorité, ils ne purent jamais arriver à établir, à leur profit, une juridiction homogène et faisant un seul corps de leur baronie. Leur domaine direct ne s'étendait qu'à un nombre de terres assez restreint; mais là, où les droits utiles leur échappaient, ils avaient su conserver et acquérir le haut domaine. Le Buis même n'était pas un fief de franc-alleu, du moins, quant à une partie de son territoire; car nous voyons un Reymond de Mévouillon rendre hommage à l'abbé de l'Ile-Barbe de Lyon, pour le château du *Buis-de-Sainte-Marie* et les seigneuries de Mérindol, Jonchère, Pelonne et Miroval. Quelle part de juridiction avait l'abbé de l'Ile-Barbe? d'où lui venait-elle et pourquoi l'appellation du Buis-de-Sainte-Marie? Les chroniqueurs auraient pu nous éclairer, nous aider à résoudre ces questions; mais leur silence, voile épais jeté sur le passé, nous dérobe des secrets qui, révélés et connus, combleraient de nombreuses lacunes en donnant satisfaction à une légitime curiosité (1).

Quoique le bourg de Mévouillon eût donné son nom à la baronie, il n'occupait qu'un rang secondaire. Les actes, les vieux titres nous représentent le Buis avec toutes les prérogatives d'une capitale. Là, résidait, le plus souvent, la famille des barons, en un vaste manoir construit au milieu de l'enceinte (2) ; là, siégeait leur cour de justice. La présence d'un hôtel des monnaies proclamait encore la suprématie du Buis et ajoutait à l'importance qu'il tirait de sa population, de ses établissements judiciaires et ecclésiastiques, de ses marchés, de son commerce et de ses produits ruraux. Les Reymond de Mévouillon semblaient avoir concentré leur orgueil et leur affection sur le Buis ; aussi leurs armes y étaient-elles sculptées en maints endroits, comme pour redire la préférence qu'ils portaient à ce lieu, par eux enrichi et doté de tout ce qui pouvait lui assurer un rang distingué.

La découverte récente d'un sceau en plomb est venue fixer nos doutes en nous apprenant la forme et le caractère de ces glorieuses armoiries encastrées sur les portes de la ville et aux murs du palais. Le baron est à cheval, tenant d'une main son épée, de l'autre, l'écu de ses armes qui sont de *gueules chaussées d'hermine*. Les mêmes armes sont re-

(1) Archives de la chambre des comptes.
(2) Il occupait l'emplacement du collége et du presbytère.

produites sur le caparaçon ; autour règne cette légende : *Bulla Reymundi medullionis Domini*. Le revers porte les armes de Mévouillon avec cette devise : *Bulla medullionis*.

Longtemps la baronie prospéra, libre et indépendante, aux mains de seigneurs jaloux de leur puissance et prétendant ne relever que de Dieu et de l'empereur ; mais l'heure de la décadence allait sonner. Reymond V, dit le Jeune, ne tarda point à subir l'ascendant victorieux des Dauphins de Viennois qui, d'abord simples comtes d'Albon, étaient parvenus à se créer une position forte, redoutée et devant laquelle fléchissait toute rivalité ou tentative de résistance à leur empiètement. Un traité signé à Chabeuil en 1293, fit passer la baronie de Mévouillon sous la mouvance et suzeraineté de Humbert Ier. Reymond, accablé de dettes, remit toutes ses terres au Dauphin pour les tenir en fief de lui, moyennant une somme de six mille livres. Une des clauses de cet arrangement, qui constituait le baron en vasselage, fut que son droit de battre monnaie serait maintenu et que lui-même ne serait point astreint, en servant le Dauphin dans ses guerres, à porter les armes contre l'abbé de l'Ile-Barbe, l'empereur d'Allemagne et l'évêque de Vaison (1).

Ce premier pas dans la voie de l'abaissement,

(1) Valbonnais Ier, **34**.

Reymond l'avait fait pour augmenter ses finances épuisées et se ménager un protecteur contre ses ennemis ; mais cette aliénation du domaine supérieur devait tôt ou tard amener celle des droits utiles. Confiant sur les résultats d'un accord qui renfermait, en principe, la perte et l'abandon de sa souveraineté, il tourna sa sollicitude vers le bien-être des habitants du Buis ; par l'organe de leurs consuls, ils avaient souvent manifesté le désir de posséder, au milieu d'eux, une corporation religieuse dont les enseignements serviraient de contre-poids au relâchement des mœurs et aux attaques de l'hérésie des Albigeois. Reymond, cédant à leurs instances, fonda en 1294 un couvent de Frères-Prêcheurs. Deux de ses aïeux ayant embrassé la règle de Saint-Dominique, il crut faire acte de piété filiale en établissant, au chef-lieu de sa baronie, une maison de cet ordre. D'ailleurs, Reymond IV, son oncle, devenu archevêque d'Embrun, venait de mourir au Buis, sous le froc d'un moine dominicain ; ses derniers conseils durent hâter la détermination de Reymond et lui donner ce caractère de fixité devant lequel tombent les obstacles et le mauvais vouloir.

La communauté du Buis jouissait d'une aire joignant la ville et le Merderic et franche de toute servitude ; le baron l'obtint des consuls en échange d'une prairie. Ce lieu éminemment convenable pour l'emplacement d'un couvent fut agrandi de quelques terres voisines et d'une dimension telle, qu'il put recevoir un bâtiment destiné à loger trente religieux, une église et un vaste jardin. A cette première dotation, Reymond en joignit une seconde, par la cession d'une place de la ville appelée *Place-Vieille*, d'une maison et de trois mille livres dont l'emploi ferait face à une partie des frais de construction. Les consuls voulant, eux aussi, favoriser une institution à laquelle ils attachaient de grands avantages pour les habitants, se démirent à son profit de l'hôpital bâti sur la *Place-Vieille*, naguère donnée par Reymond.

Un chapitre provincial tenu à Montpellier en 1294, à l'effet de répondre aux vœux du baron de Mévouillon, conclut à l'envoi de plusieurs députés sur les lieux pour régulariser la fondation projetée et la mener à bonne fin. Jean-de-Genest, frère Raoul-de-la-Forêt et quelques autres religieux ne purent remplir leur mandat ; plus habiles ou plus heureux, frère Bertrand-d'Autane et frère Guillaume-de-Reilhoni, natif du Buis, triomphèrent des difficultés que soulève toujours la réalisation d'une entreprise considérable et firent poser la première pierre de l'édifice principal. Les travaux conduits avec activité avancèrent si rapidement, que le 13 novembre de l'an 1309, Clément V, alors retiré au monastère de Groseau, près de Malaucène, approuvait la fondation par une bulle toute spéciale. Il résulte d'un considérant de l'acte d'autorisation que le Buis renfermait dans son enceinte 700 maisons, c'est-à-dire une population agglomérée de 3500 âmes. Le nombre des religieux fixé à 25 était celui des maisons les plus florissantes de l'ordre de Saint-Dominique.

Le couvent ayant ainsi reçu le sceau d'une existence canonique, Guillaume-de-Laudun, provincial de Provence, envoya au Buis une colonie de dix-huit Dominicains, auxquels il assigna pour prieur le père Reymond Michaëlis, dont la nomination fut sanctionnée et ratifiée au chapitre de Tarascon, convoqué en 1311. L'installation des religieux eut tout l'éclat et tout l'enthousiasme d'une fête populaire. La joie se traduisit en nouvelles libéralités ; chacun voulait contribuer à l'achèvement complet et à l'entretien d'un établissement d'où allaient rayonner sur la contrée, comme d'un phare lumineux, la foi, la charité et l'enseignement des plus héroïques vertus. Les seigneurs du voisinage, les familles riches se dépouillant de leurs biens assurèrent de nombreuses censes aux Dominicains et en échange de leurs dons, réclamèrent pour leur âme des prières, et pour leur corps une place dans l'église du couvent (1).

Maintenant que le fanatisme a détruit ce monu-

(1) Aymar-du-Rivail, pag. 216. Histoire de l'église de Vaison, 133 et 143. — idem par Columbi, 413. — Archives de la préfecture. — Archives de la fabrique du Buis.

ment de la piété de nos pères, il ne nous est point donné d'admirer le luxe architectural qu'une main prodigue avait jeté sur tout son ensemble; son plan, ses formes majestueuses et caractéristiques nous seraient encore entièrement inconnus, si quelques fragments des archives locales n'avaient point survécu, comme pour mieux nous en faire saisir la richesse et la beauté. Un clocher pyramidal dominait les bâtiments couventuels; contre l'église s'adossait un cloître aux galeries spacieuses et dont les arceaux s'ouvraient sur le cimetière, ce dernier et solitaire asile, où vont se perdre et s'évanouir nos joies, nos douleurs, nos gloires et nos vanités!

L'édifice déjà grandiose et colossal à sa naissance ne tarda point à revêtir un aspect guerrier, nécessité par les troubles du Comtat et les pilleries des *routiers*. Sur la demande du bailli, de grands travaux exécutés de 1371 à 1376 lui imprimèrent l'allure d'une forteresse ou d'un poste avancé se reliant avec la place par un passage souterrain. Des murailles hautes et crénelées, quatre tours massives disposées aux angles de l'enceinte, des fossés profonds et un pont-levis devant la porte d'entrée annonçaient aux pèlerins, aux délaissés et aux opprimés que là ils trouveraient repos, secours et protection. Quand venaient les jours de crises et de périls, le couvent, vrai *palladium* du Buis, recevait une garnison de cinquante hommes et un capitaine-gouverneur. Plus d'une fois, au cri d'alarme : *Voici l'ennemi !* les moines dominicains, armés de la cuirasse et de la pique, repoussèrent les assaillants, puis vainqueurs et triomphants rentraient dans le calme, la solitude et la prière (1).

Le prompt développement qu'avait acquis le monastère, ses conditions de grandeur et de bien-être, sont attestées, soit par la convocation d'un chapitre provincial tenu au Buis, le jour de l'Assomption, en 1331, soit par le séjour fréquent qu'y fit plus tard le Dauphin Humbert II, mort, lui aussi, sous l'habit d'un Frère-Prêcheur. Ramené souvent aux baronies par les exigences de sa haute position, ce prince aimait à loger au couvent des Dominicains. Des actes importants, entre autres la charte de Nyons, sont datés du Buis et ont été dressés tantôt dans le dortoir, tantôt dans le cimetière de l'établissement. L'hospitalité qu'il y recevait fut payée par de nombreuses largesses ; en 1334, il assure aux religieux la jouissance de trente saumées de blé prélevées annuellement sur les *Leydes* et *cossages* du marché et de dix muids de vin que leur livrerait, à la fin du mois de septembre, le fermier des vignes delphinales. Dans une autre circonstance, il les affranchit de toute redevance pour la cuisson du pain au four banal. Humbert ne se borna point à prévenir les Domini-

(1) Archives de la fabrique et de la mairie.

cains contre les besoins matériels de la vie ; il enrichit leur église d'un fragment de la vraie croix enchâssé dans un reliquaire de vermeil et d'une épine de la sainte Couronne, teinte encore du sang précieux du Sauveur du monde. Une bulle pontificale, des titres anciens, des procès-verbaux constatant plusieurs miracles, ne laissent aucun doute sur l'authenticité de l'origine de ce trésor (1).

Largement constitué par le baron de Mévouillon et les consuls du Buis, entouré de tout ce qui pouvait rendre son existence fixe et durable, le couvent alla prospérant ; et dans sa marche à travers les siècles, brilla toujours d'une vive clarté dont les reflets illuminèrent la ville du Buis et la signalèrent aux regards comme un foyer de lumière et d'activité. L'œuvre éminemment civilisatrice et chrétienne, fondée par Reymond et consolidée par les Dauphins, va suivre son cours et remplir noblement la pensée de ses créateurs. Nous n'aurons à nous occuper d'elle, qu'à l'époque où heurtée violemment par la réforme, elle subira un temps d'arrêt pour reprendre un nouvel essor.

Peu de temps après l'arrivée des Dominicains s'accomplit un événement qui devait réagir sur les destinées du Buis et les modifier. Reymond, impuissant à lutter contre des voisins tracassiers,

(1) Archives de la chambre des comptes. — Histoire de l'église de Vaison, 149.

se laissait aller aux défaillances d'une âme faible et trahissait, dans sa conduite, l'absence de cette énergie qui tient en respect l'ambition, la chicane et la cupidité. D'ailleurs, fort enclin au repos et privé d'enfants, il s'effrayait de querelles et d'embarras pour lui sans but et sans profit. L'abdication de la couronne lui parut le seul moyen d'échapper au fardeau des affaires; déjà il nourrissait secrètement ce projet, lorsque les circonstances lui permirent de le réaliser en le couvrant d'un prétexte plausible et honorable, celui d'un voyage en Terre-Sainte. Le Dauphin Jean II, continuateur habile de la politique de son père, n'ignorait pas les dispositions du dernier baron de Mévouillon et les fit servir à l'agrandissement de son pouvoir. Il vit Reymond et le détermina facilement à céder, à lui son suzerain, ses états, ses droits et ses domaines. L'acte de transport, signé à Orange, le 2 septembre 1317, faisait passer, sous la réserve de l'usufruit pour le donateur, tous les fiefs, villages et châteaux compris dans la baronie de Mévouillon, En voici l'énumération : Le *Buis*, *Mévouillon*, *Ubrils*, *Mérindol*, *Molans*, *Pierrelongue*, la *Penne*, *Eygaliers*, *Plaisians*, *Reilhanette*, *Roche-sur-Buis*, *Guichert*, *Alauson*, *Poël-Dampercipia*, la *Rochette-sous-Mévouillon*, *Villefranche*, *Isons*, *Laborel*, *Etoile*, *Villebois*, *Ponet*, *Châteauneuf-de-Cabre*, *Mont-Ayglin*, *Arziliers*, *Ayguyanes*, *Saléon*, l'*Epine*, *Sorbes-près-Rozans*, *Montaut*, la

Bâtie-de-Gouvernet, *Saint-Sauveur*, *Bésignan*, *Autane*, *Vercoiran*, le *Poët-sur-Sainte-Jalle*, la *Bâtie-de-Ponce-Guillaume*, *Sainte-Jalle*, *Arpavon*, *Sahune*, *Montréal*, *Curnier*, *Beauvoisin*, *Bénivay*, *Proas* et *Propiac* (1).

La nouvelle ère historique, dans laquelle entrait la baronie de Mévouillon, ne la dépouillait point de cette législation particulière, de ces formes politiques qui lui donnaient un cachet propre et distinctif. Ses libertés, ses franchises et immunités avaient été garanties par un article spécial de l'acte de transfert. Les habitants du Buis et tous ceux de la Baronie ne pouvaient être assujettis à tenir garnison, sinon de leur plein gré; ils ne prendraient les armes que dans le cas où le Dauphin ferait un siége, ou serait assiégé lui-même dans une de ses places. Si la guerre avait lieu hors des frontières de la baronie de Mévouillon et du Gapençais, le nombre des hommes appelés ne dépasserait pas deux cents et le temps de leur service ne se prolongerait pas au-delà d'un mois; ils devaient se nourrir à leurs frais pendant huit jours seulement. Quant au service militaire dans les terres de la baronie et du Gapençais, il était moins restreint; le Dauphin pouvait lever trois cents hommes entretenus à ses propres dépens pendant les quinze derniers jours. Quelle que fut la

(1) Valbonnais, tome 2, page 165.

levée, le contingent du Buis ne devait point excéder le chiffre de cinquante hommes armés et équipés. La dernière clause portait qu'avant de recevoir le serment de fidélité des habitants, le Dauphin et ses successeurs jureraient, la main sur les saints Évangiles, de garder, d'observer et de maintenir les priviléges, droits et bonnes coutumes de la baronie (1).

Jean II se rendit au Buis le 24 du même mois pour prendre possession de ce nouveau fleuron ajouté à sa couronne. Les seigneurs qui relevaient des barons de Mévouillon, vinrent lui prêter foi et hommage comme à leur suzerain; au jardin du couvent des Dominicains eut lieu la cérémonie de la reconnaissance dans toutes les formalités prescrites par la chancellerie féodale. Consuls, manants et tenanciers firent un chaleureux accueil au Dauphin; leur enthousiasme prenait sa source dans la gratitude et le sentiment des destinées glorieuses auxquelles était appelée désormais leur patrie. Touché de leurs joviales manifestations, le prince voulut gagner à sa cause et lier étroitement à ses intérêts une communauté qu'il savait être le plus beau joyau échappé de l'écrin des Reymond. Il ratifia, confirma et scella de son sceau toutes les immunités privées de la ville. L'héritage de liberté venu des aïeux étant sauvegardé, les habitants du

(1) Valbonnais, tome I, page 276.

Buis voyaient l'avenir avec confiance et cet avenir ne leur fit point défaut ; car les nobles aspirations, les besoins de ce peuple fidèle et dévoué, trouvèrent un écho dans le cœur des Dauphins de Viennois, et sous leur règne, le Buis, déjà richement doté, parvint à un état de prospérité, de grandeur et de force qu'il n'avait jamais connu (1).

L'étendard du Dauphiné flottait donc sur les deux baronies, puisque celle de Montauban appartenait aux Dauphins depuis l'an 1302 et servait d'apanage aux membres de leur famille. Guy et Henri l'avaient administré successivement, soutenant par leurs actes, ce renom d'habile politique qui caractérisait leurs devanciers.

En 1331, se produisit au Buis un incident qui aurait pu troubler la bonne harmonie entre les diverses classes des habitants. Quelques uns arguant de priviléges inhérents ou à la noblesse, ou à certaines corporations, se refusaient à payer les tailles *populaires*. Guigues VIII, instruit de ce démêlé, gros de tempêtes et de révolutions sociales, l'apaisa en faisant prévaloir le principe de l'égalité. Un décret daté du 15 octobre de la même année, astreint et oblige tous les habitants, sans exception, à l'acquittement des tailles *populaires*. Les récalcitrants se soumirent et le calme intérieur gravement menacé se rétablit promptement

(1) Archives de la chambre des comptes.

sous l'action d'une volonté forte et énergique (1).

La chevaleresque existence de Guigues VIII, jeta son dernier éclat sous les murs du château de la Perrière qu'il tenait assiégé. Sa mort en répandant le deuil et la consternation fit lever de vaillantes milices prêtes à le venger. Le bailli des baronies convoqua le ban, aux termes du traité de 1317, et conduisit à Tullins, rendez-vous assigné par le conseil de régence, les fantassins et les cavaliers qu'enrôlaient le devoir, l'honneur et la bravoure. Le Buis et toutes les communautés fournirent leur contingent avec une ardeur et un zèle qui témoignaient de leur patriotisme et de leur attachement au Dauphin. Ce déploiement de troupes aguerries intimida le comte de Savoie et le porta à conclure une paix, dont la publication fut le signal du licenciement de l'armée (2).

Le successeur de Guigues fut Humbert II, prince généreux, libéral et plein de sollicitude pour ses vassaux des baronies. Il fit au Buis de fréquents voyages et les marqua tous par des actes de la plus haute importance se rattachant au bien-être des habitants. A lui remonte cette organisation puissante qui donnait tant de prestige au bailliage siégeant au Buis. Dès le principe, un juge-mage rendait la justice à Mévouillon au nom du seigneur; mais ce

(1) Archives de la chambre des comptes.
(2) Valbonnais Ier, 300, idem 2, page 242.

bourg, éclipsé par le développement et les avantages topographiques du Buis, se vit bientôt dépouillé de sa juridiction au profit d'un rival comblé des faveurs et bonnes grâces des barons. Ceux-ci, en effet, avaient fixé leur résidence au Buis et ne cachaient point leur prédilection ; leur déplacement nécessita le transfert de la justice désormais confiée à un juge investi de tout pouvoir, au civil et au criminel. Sous les Dauphins fonctionnèrent d'abord, séparément, les deux tribunaux qu'ils avaient trouvés établis, ayant chacun leur sceau spécial et la legende : *Baronia Medullionis* ou *Baronia Monlisalbani*. Puis, la cour du Buis, transformée en bailliage étendit sa juridiction à toutes les terres des baronies. Cependant, comme son personnel ne se composait que d'un bailli, d'un juge et d'un procureur, Humbert, voulant assurer aux affaires contentieuses une plus prompte expédition, lui adjoignit douze conseillers en 1336. Cette mesure donnait pleine satisfaction à un besoin vivement senti et plaçait en même temps le Buis au rang des villes de la province les mieux partagées. Quoique compris dans le ressort du bailliage du Buis, Nyons conserva une cour de justice jusqu'en 1447, où elle fut supprimée par Louis XI qui marchait sourdement à un système de centralisation (1).

(1) Valbonnais II, 319. — Dictionnaire du Dauphiné, par Guy-Allard.

Dans toutes les communautés, au sein des villages et des hameaux éclata la reconnaissance. Le nom du Dauphin y acquit une popularité devant laquelle s'effaçait la mémoire des anciens barons. Un vœu dominait les élans de joie provoqués par la dernière innovation ; ce vœu, Humbert le comprit, et sa réalisation devait resserrer plus fortement encore les liens qui unissaient les baronies à sa famille et à ses intérêts. Le 2 juin de l'année 1337, dans le dortoir du couvent des Dominicains et en présence de nombreux témoins, il décrète que les baronies feront toujours partie de son domaine ; qu'elles ne pourront jamais être aliénées ni transportées à qui que ce soit ; elles ne relèveront à perpétuité que du Dauphin et de ses successeurs (1).

Par là, furent calmées les craintes d'une population jalouse de son indépendance et redoutant de voir tomber en des mains étrangères, pour s'évanouir et se perdre, ses franchises, ses priviléges et ses immunités. Ce pacte solennel réveilla de généreux instincts, doubla la confiance et fit apparaître aux regards un nouvel horizon sans tempêtes et sans nuages. Les habitants du Buis se prirent alors à rêver de gloire et de bonheur ; ne devaient-ils pas s'associer aux destinées si belles du Dauphiné et ne reconnaître d'autre seigneur que le Dauphin ? Cependant, le mot de perpétuité, mêlé

(1) Valbonnais Ier, 310.

aux termes de la célèbre ordonnance, allait recevoir, plus tard, un démenti des évènements, ces contradicteurs impitoyables de la puissance et de la vanité des hommes.

Les nombreux changements introduits par Humbert II, dans l'état social des baronies, ses chartes d'affranchissement, ses efforts soutenus pour consolider le bien-être physique et moral, constituaient une période sans analogie avec les précédentes, période féconde pour le Buis, et sous laquelle grandit sa prospérité matérielle. En 1340, les seuls produits du péage, de la leyde et du poids public dressé sur la place du marché étaient affermés à raison de trois cents florins d'or par an; ce chiffre trés-élevé accuse, il est vrai, les exigences du fisc; mais il témoigne aussi de l'animation et du mouvement qui régnait au Buis. L'agriculture, le commerce et l'industrie, ces trois sources de la fortune des communautés, répandaient en chaque foyer, la vie, l'aisance et la joie. Tout marchait à l'accroissement, emporté par une force mystérieuse qui poussait en avant, hommes, choses et institutions, lorsque de sinistres rumeurs circulant au sein de cette population calme et laborieuse, vinrent briser son généreux essor et faire succéder la terreur et la tristesse aux paisibles jouissances du travail.

La peste, ce fléau qui tant de fois avait dépeuplé nos villes et nos bourgs, la peste s'était abattue dans le Comtat en 1347 : elle franchit les frontières de cette province désolée et envahit le bas-Dauphiné au commencement de l'année suivante. Ses victimes étaient si nombreuses, la mort si prompte et si soudaine, que les habitants des baronies se méprenant sur la cause des ravages qu'exerçait la contagion, crurent à l'empoisonnement des fontaines et des puits ; la malveillance, la haîne et l'ignorance désignèrent les juifs comme les auteurs de la mortalité. Quelques familles appartenant à cette race proscrite et mise au ban des sociétés chrétiennes, vivaient au Buis, parquées dans le quartier de la *Juiverie*. Des ordonnances les avaient autorisées à tenir une banque ou comptoir : leur commerce usuraire appelait sur elles la colère du peuple ; elle éclata terrible ; sous les accusations dont elles étaient l'objet. La foule ameutée se précipite sur leurs demeures et massacre tous ceux des juifs qui n'avaient pas demandé à la fuite leur vie et leur salut. A Mirabel, à Sainte-Euphémie, à Nyons, les mêmes errements, les mêmes rancunes, produisirent les mêmes scènes de carnage (1).

L'horreur qu'excita cette boucherie amena une enquête rendue vaine et stérile par les préjugés qui pesaient sur les juifs et les condamnaient à l'oppression. Des lettres de grâce assurèrent l'im-

(!) Histoire du Dauphiné, par Chorier, 2, page 328. — Valbonnais, 2, page 625.

punité à ceux des habitants du Buis que l'opinion regardait comme ayant versé le sang ou dirigé les assassinats (1). Quand fut passée la justice d'un peuple égaré, celle de Dieu continuait ; hommes, femmes, enfants et vieillards succombaient aux atteintes de la contagion ; le zèle, le courage, le dévouement, les prescriptions sanitaires, rien ne put ralentir ses progrès. Bientôt les fossoyeurs manquèrent à leur pénible tâche ; de nombreuses maisons étaient veuves de leurs habitants et la solitude régnait en des rues, autrefois si bruyantes et si animées ; partout le mal semait la douleur, la tristesse et la mort. Après plusieurs mois d'une intensité inouïe, il se dépouilla de son énergie et alla de jour en jour s'éteignant.

Lorsque rassurés par sa décroissance et son éloignement, les survivants se prirent à compter leurs pertes, à mesurer le vide fait dans les rangs de la population, ils durent reculer d'effroi, tant le fléau avait sévi, tant il avait répandu de perturbation au sein d'une ville naguère l'orgueil des baronies. Avare de tout détail, l'histoire nous peint à grands traits les angoisses et les souffrances qu'apporta la peste aux bourgs du Comtat et du Dauphiné ; ses révélations quoiqu'applicables à toutes les communautés envahies, ne donnent point la nomenclature des victimes et ne jettent aucun jour sur la part

(1) Archives de la mairie du Buis.

de malheur afférente à chacune d'elles. Cependant un document émané des inspirations du fisc nous permet de soulever un coin du voile ; la lumière éclaire une partie du tableau qu'offrait le Buis en 1348, et ce que l'œil aperçoit nous met sur les traces de la vérité. Des commissaires envoyés en 1352 pour constater l'état des revenus seigneuriaux, déclarent que beaucoup de champs sont en friche par défaut de bras, qu'un four banal et un moulin sont en chômage. La fermeture d'un four sur deux, l'abandon d'un moulin, des terres incultes, des maisons désertes, les produits du fisc amoindris, tout cela témoigne des ravages qu'exerça l'épidémie et nous autorise à croire qu'au moins le tiers ou le quart de la population fut emporté en quelques mois par la peste ou la famine. Le Buis aurait donc perdu en cette circonstance de neuf cents à douze cents habitants (1).

Le retour des familles que la frayeur avait exilées loin de leurs foyers et la nécessité de pourvoir par le commerce, l'industrie ou l'agriculture aux besoins matériels d'une existence si cruellement éprouvée, amenèrent une diversion aux douleurs et aux regrets. Déjà commençaient à se relever les esprits ; l'abattement faisait place à la confiance et les forces morales renaissaient peu à peu ; inspirés par un même sentiment de patriotisme et de

(1) Archives de la chambre des comptes.

courage, tous les efforts se dirigent vers un but
unique, la prospérité du pays, le recouvrement de
sa splendeur passée. Bientôt s'agrandit la sphère
des pensées et des préoccupations jusque-là res-
treintes et bornées aux exigences personnelles.
Humbert II, sans lignée et dévoré d'un secret mal-
aise, que ne dissipaient ni la gloire, ni les plaisirs,
demandait à la paix du cloître l'oubli d'une vie
trop semée d'amertumes et d'illusions. Avant de se
couvrir du froc, il disposa de ses états et les céda
à la France, le 13 juillet 1349. Mais ce transport
n'eut point l'assentiment général de ses sujets; jaloux
de leurs droits et de leurs prérogatives, les habitants du Dauphiné craignaient de les voir anéantir
sous le sceptre d'un prince étranger. Humbert
allant au devant de leurs appréhensions réunit, en
un seul corps appelé *statuts delphinaux*, tous les
usages, franchises, priviléges et règlements en vi-
gueur, les confirma et les fit accepter à son successeur. Malgré cette puissante barrière posée par
une main libérale aux envahissements et aux tentatives d'oppression, un levain de mécontentement
fermentait dans les baronies. Les châtelains et les
notables des communautés refusèrent de reconnaître le nouveau dauphin, Charles V, se regar-
dant toujours comme inféodés à Humbert, bien
qu'il eût abdiqué et délié ses vassaux du serment
de fidélité. Pressés de se soumettre, ils envoient en
1350, les consuls du Buis auprès d'Humbert,

alors à Beauvoir-en-Royans, pour apprendre de sa bouche la conduite qu'ils avaient à tenir. Ce prince, blâmant leur scrupuleuse résistance, les engagea à obéir, au nom même de cet attachement qu'ils avaient conservé pour lui. Ainsi ramenés au devoir, les habitants du Buis prêtèrent hommage entre les mains d'un commissaire délégué; de son côté, le châtelain ou gouverneur, nommé par Charles de France, jura d'observer leurs bonnes coutumes, leurs libertés et droits (1).

Dégagée des vives émotions qu'avaient fait naître le transfert du Dauphiné, la communauté du Buis vécut de sa vie propre et poursuivit sans relâche la voie de restauration où elle était généreusement entrée depuis ses derniers et terribles désastres. Les années s'écoulent apportant chacune leur part de bien-être et de progrès; rien ne trouble ce travail intérieur d'enfantement que favorise une longue paix. Le gouvernement des Dauphins de la maison de France continuaient les anciennes traditions et le peuple des baronies se plut à les bénir comme il avait béni leurs devanciers. Cependant Charles VII, brisant une clause de la charte de 1337, aliéna en 1422 la châtellenie du Buis au profit de Guillaume d'Avangour, son chambellan. L'union irrévocable et perpétuelle avec le Dauphiné cessait d'être une vérité, des protestations, des

_____

(1) Histoire du Dauphiné, par Chorier, tome II, page 338.

murmures éclatèrent devant cette violation des priviléges octroyés par Humbert; mais il fallut se rési-
gner à accepter un vasselage que l'on croyait disparu sans retour. La jouissance des revenus féo-
daux n'étant que viagère, elle s'éteignit en 1440.
L'année suivante, Rodolphe de Gaucourt, gouverneur du Dauphiné, reconnut les anciennes franchises du Buis, jura de les maintenir et par la
concession de nouvelles faveurs fit oublier aux
habitants le souvenir d'un grief noblement réparé.

Néanmoins, une seconde aliénation eut lieu en
1553. Henri II voulant récompenser les brillants
services d'Eynard Vadel, capitaine *des vieilles
bandes*, lui donna la seigneurie du Buis pour neuf
ans. Ce soin que prit la couronne, à ne détacher
la capitale des baronies que sous la condition de
reversibilité, est un hommage rendu aux habitants
du Buis, qu'elle savait être ennemis de toute autorité, autre que celle des Dauphins (1).

Des comptes de châtellenie, des reconnaissances
féodales, des actes purement administratifs, tels
sont les éléments dont se composent les annales du
Buis pendant le quinzième siècle. Aucun fait historique et saillant ne vient rompre cette uniform-
mité qui, à défaut de gloire, accuse une existence
prospère et non agitée. Les guerres de Reymond
de Turenne, le brigandage des *grandes compa-*

(1) Archives de la chambre des comptes.

gnies, le passage des troupes allant en Italie, n'ont-ils excité aucune commotion, aucun désordre ? en l'absence de documents certains, mieux vaut pencher pour la négative, dût l'amour propre local se froisser d'une solution sans éclat et sans célébrité.

Si le Buis fut exempt de ces démêlés sanglants, de ces attaques à main armée, qui ruinèrent maints villages et bourgs, sous la dernière période du moyen-âge, il faut l'attribuer à la sollicitude active des gouverneurs du Dauphiné et à l'attitude énergique des habitants, que protégeaient aussi de puissants remparts contre de soudaines invasions. Pour eux, cette paix allait disparaître et s'évanouir au milieu des troubles de la réforme ; avant de tracer la part d'action faite au Buis par les mouvements des huguenots, il y a convenance à jeter un regard rétrospectif sur cette communauté, sur son organisation intérieure, sa vie propre et ses institutions ; car au choc des passions déchaînées, mœurs, usages, condition sociale vont s'altérer, se modifier, s'amoindrir. Elle sortira triomphante des épreuves ; mais, comme ces soldats vainqueurs qui abandonnent sur le champ de bataille une partie de leur armure, elle laissera derrière elle de nombreuses ruines, indice trop réel des souffrances et des pertes que lui fera subir une lutte longue et acharnée.

La municipalité ne fut point l'œuvre d'un décret, ni d'une époque déterminée ; mais elle sortit de

l'influence des idées libérales transmises de génération en génération comme un vestige des mu-
nicipes romains. Son établissement au Buis s'opéra
graduellement ; d'abord lent et restreint, il se développe, s'élargit et révèle son action par un
mandat confié à des notables et à des syndics.
De nombreux intérêts à défendre, des besoins
à satisfaire, des périls à conjurer nécessitaient la
réunion des délégués. Deux magistrats nommés
consuls présidaient à ces conseils, où préludait
l'élément populaire, essayant ses forces et les dirigeant vers un noble but, l'administration sans en-
traves des affaires de la communauté par elle-même.

Une puissance rivale et jalouse se posait en travers des aspirations municipales et tendait à les
combattre ou à les étouffer : de là ces *émotions,*
de là ces conflits dont le récit nous apprend au prix
de quels sacrifices, de quels généreux efforts, nos
aïeux arrivèrent à la conquête de leur indépendance. Placé entre la communauté et le seigneur,
le châtelain du Buis était appelé à jouer un rôle
actif ; gouverneur, collecteur des tailles et redevances féodales, quelquefois juge, il semblait, par
la nature même de ses fonctions, exclusivement
dévoué à la cause et au parti des barons de Mévouillon et de leurs successeurs ; mais l'antago-
nisme des consuls ne lui permettait point de franchir les limites de ses attributions, et jamais ses
tentatives arbitraires ne trouvèrent leur vigilance

endormie. Ils étaient préposés à la police sur les marchés, affermaient les propriétés communales, convoquaient les assemblées et réglementaient tout ce qui avait rapport aux revenus et aux charges publiques; c'est ainsi qu'en 1291, ils font construire un moulin pour l'usage des habitants (1). Des actes antérieurs à cette époque nous les représentent déjà revêtus d'un pouvoir solidement assis et témoignent par là encore de l'origine reculée de la municipalité. Une preuve convaincante et devant laquelle tombe le doute, c'est la somme des libertés et franchises qui constituaient sa puissance dès le douzième siécle et garantissaient sa sphère de pouvoir et son autonomie.

Le système féodal reposait sur un échange de services entre le seigneur et les vassaux; l'un protégeait, défendait et sauvegardait; aux autres incombait le devoir de l'aider en ses guerres de leurs personnes et de leurs biens; ce droit, à raison de la fréquence et de la futilité des querelles, pouvait, illimité, devenir très-onéreux pour les habitants du Buis. Ils avaient obtenu que leur contingent d'hommes d'armes ne dépasserait pas cinquante miliciens, et encore ce contingent ne profitait aux barons de Mévouillon qu'en certains cas déterminés et avec certaines clauses insérées, on l'a vu, dans l'acte de transport de 1317. A la jouis-

(1) Archives de la chambre des comptes.

sance de priviléges communs à tous les manants, sujets, tenanciers de la baronie, se joignaient des immunités particulières au Buis. Ses habitants étaient exempts de toute redevance de péage à Molans, et le péager du Buis n'avait rien à leur réclamer sur le transit du blé, quand ce blé était destiné non au commerce, mais à leur propre consommation. L'étendue, la variété et l'importance de leurs franchises ressortent hautement du soin qu'ils apportaient à les garder. Les titres, les chartes et droits écrits étaient enfermés dans l'hôtel de ville, sous la surveillance et responsabilité des consuls. Le Châtelain, les magistrats, les fonctionnaires de tous rangs, les seigneurs eux-mêmes juraient avant leur installation ou investiture, de maintenir et d'observer fidèlement les bonnes coutumes et libertés de la ville (1).

Active, prévoyante et soucieuse du bien-être physique et moral des habitants, la municipalité s'entoura de plusieurs établissements dont la seule énumération jette un grand jour sur l'état intérieur du Buis, au moyen-âge. Un des plus anciens, l'hôpital ou *maison de l'Aumône* était bâti sur la *Place-Vieille* et servait depuis longtemps de refuge aux indigents, lorsqu'en 1316, les consuls en firent la cession aux Dominicains, à la charge par eux de recevoir, secourir et soulager les né-

(1) Archives de la chambre des comptes.

cessiteux du mandement. Humbert II, avait fait en 1340, l'abandon d'une maison contiguë ; son emplacement, converti en cimetière pour la sépulture des pauvres, permit aux religieux de donner à l'hôpital un dernier développement exigé par les besoins de la colonie confiée à leur zèle et à leur paternelle sollicitude. Le patrimoine des infirmes et des souffreteux consistait en vignes , en terres , biens-fonds et en pensions annuelles; il s'accrut d'année en année des legs de la charité et quand éclatèrent les troubles de la réforme qui lui devinrent si funestes, il offrait des ressources assez puissantes pour faire face à toutes les charges et donner au service des malades un caractère de luxe et de confortable qu'il n'avait point atteint jusque là.

Hors des murs, et en un quartier aujourd'hui encore appelé *Maladrerie*, la religion avait fondé un asile pour une douleur méconnue et délaissée. L'isolement de sa position et l'étrangeté de son nom indiquaient assez la nature du mal qui dévorait ses hôtes infortunés. Repoussé des villes , le lépreux traînait sa misérable existence de contrée en contrée , fuyant les bourgs, les hameaux et implorant de loin une pitié impuissante à le guérir. Un sentiment de compâtissance lui ménagea du moins une retraite où, avec le pain de chaque jour et un abri tutélaire , il recevait l'aumône des consolations chrétiennes. La léproserie du Buis prit naissance au douzième siècle et subsista durant une longue période, habitée par de pauvres reclus mis au ban de la société. Quand fut passé le mal de la *ladrerie* avec les causes qui l'avaient amené, l'établissement resta debout comme un souvenir et environné d'une mystérieuse terreur. La cupidité n'osait point toucher à ses ruines et la matrone au foyer charmait les soirées d'hiver par le récit de légendes naïves où revivaient toutes les angoisses et les tortures du lépreux. Elle n'est plus la demeure des *ladres* ; pas un vestige, pas une pierre ne sont là pour révéler ses terribles secrets ; mais un mot est consigné dans le parcellaire de la commune, et la mémoire du peuple et ce mot, en réveillant à l'esprit les souffrances du passé, nous dévoilent aussi les œuvres de la foi et de la charité des aïeux.

D'abord, siége d'une simple judicature, le Buis se vit doté d'une cour majeure changée en bailliage par les Dauphins. En 1447, Louis XI réduisit le nombre des juges delphinaux et ne conserva que deux bailliages. Celui du Buis fut légèrement modifié par cette mesure ; annexé au bailliage des montagnes fixé à Serres, puis à Gap, depuis 1513, il eut un vi-bailli escorté, comme autrefois, d'un nombreux personnel composé de procureurs, de conseillers et de sergents (1).

(1) Histoire du Dauphiné, par Chorier, tome II, page 181.— Dictionnaire du Dauphiné, par Guy-Allard.

Au point de vue des intérêts religieux, le Buis avait acquis une position dont l'éclat ne le cédait en rien à la splendeur qu'il tirait de ses institutions judiciaires. Il était incorporé au diocèse de Vaison et formait une paroisse où tout proclamait la ferveur et la piété. Son ancienne organisation mise en parallèle avec celle que lui ont faite les révolutions, accuse une décadence et un affaiblissement, en présence desquels naissent des regrets et d'amères pensées. L'église érigée en prieuré portait le vocable de Notre-Dame-de-Nazareth et avait saint Trophime pour second patron. Son plan architectural appartenait au style gothique et trahissait une origine peu ancienne. Elle avait été reconstruite, au quatorzième siècle, sur les débris d'un sanctuaire primitif, disparu au milieu de circonstances demeurées cachées. Peu vaste, mais élégante et riche de toute cette ornementation que nos pères aimaient à prodiguer à l'encontre des édifices consacrés au culte divin, l'église de Notre-Dame empruntait une partie de sa magnificence aux chapelles de la nef. On en comptait quatorze ; toutes étaient constituées en bénéfices, lesquels ne pouvaient être conférés qu'à des prêtres natifs et habitants du Buis. Le nom de leur vocable et celui de leurs fondateurs doivent trouver place ici ; je les transmets par ordre chronologique :

Chapelle de Saint-Pierre, fondée par Guillaume de Rémusat, seigneur de Beauvoisin, de Bénivay, d'Ollan et de Rochebrune, en 1324.

Chapelle de Saint-Claude, par Albertin de Mathieu, habitant du Buis, en 1342.

Chapelle de Notre-Dame-de-Nazareth, par Antoine Audier, du Buis, en 1346.

Chapelle de Saint-André, par Jean Aurel, du Buis, en 1471.

Chapelle de Sainte-Catherine, par Bertrand Roux, du Buis, en 1475.

Chapelle de Saint-Claude-Verdely, par Antoine Melharet, du Buis, en 1520.

Chapelle de Sainte-Barbe, par Étienne Roubaud, du Buis, en 1520.

Chapelle de Sainte-Barbe-Franconis, par Guillaume Gaudibert, du Buis, en 1520.

Chapelle de Sainte-Luce, par Claude Agard, du Buis, en 1523.

Chapelle de Saint-Michel, par Béchard-Payan. de Rioms, en 1523.

Chapelle de Saint-Pierre, par Agathe Durieu, en 1528.

Chapelle de Saint-Jérôme, par Jeanne Illy, du Buis, en 1533.

Chapelle de Saint-Jacques, par ......

Chapelle de Sainte-Catherine-Sigaudy ......

L'église était desservie par dix-huit prêtres agrégés, vivant en communauté dans une maison claustrale, bâtie à l'endroit où plus tard s'éleva le couvent des Ursulines (1). En vertu d'anciens priviléges, le clergé tout entier, y compris les diacres, sous-diacres et clercs de la paroisse, était nourri, les jours de fêtes, aux frais du capiscol du chapitre de Vaison; cette charge se liait à son titre de prieur du Buis. Les lois canoniques n'astreignaient point les titulaires des prieurés à les administrer en personne; mais elles les obligeaient à un entretien des vicaires perpétuels et de choriers, assuré par la *portion congrue*; quelque élevé que le fût le produit des dîmes, il était beaucoup amoindri par les exigences du service divin (2).

Dans l'enceinte existait encore un autre édifice religieux dédié sous le vocable de Saint-Georges; il fut plus tard enclavé dans l'église des Dominicains, comme monument remarquable par ses formes architecturales, son élégance et sa solidité. Malgré les hideuses transformations qu'il a subies, il frappe les regards, et l'antiquaire le reconnaît au peu d'élévation de ses voûtes et aux moulures de leurs arrêtes, portant toutes le cachet du quinzième siècle (3).

Dans le territoire et non loin de la ville s'élevait deux prieurés connus sous le nom de Saint-De-

(1) L'hôpital actuel; la rue des Clastres, tire son nom du cloître, en latin; *claustrum*, qui faisait partie de cette maison.

(2) Almanach du Dauphiné, années 1787—1788.

(3) Archives de la paroisse.

nis-de-Proyas et de Saint-Martin-d'Ubrieux ; ils formaient chacun une paroisse et dépendaient du chapître de Vaison, héritier des droits de l'abbé de l'Ile-Barbe. Ce morcellement de la juridiction ecclésiastique avait été déterminé par le morcellement de la juridiction féodale ; car Proyas et Ubrils constituaient des fiefs séparés de celui du Buis, ayant un Chatelain spécial et indépendant. Le haut domaine sur Ubrils appartenait aux barons de Mévouillon depuis l'an 1240 ; mais les droits utiles restaient à Guillaume Flotte et à ses successeurs (1).

Une église de paroisse au service de laquelle était attaché un clergé plus nombreux que celui de maintes cathédrales, un couvent de Frères-Prêcheurs, l'église de Saint-Georges et deux prieurés ruraux constataient la féconde influence de cet élément religieux qui fut l'âme et le principe vital de l'ancienne société.

Les revenus seigneuriaux transmis aux Dauphins, et de ceux-ci à la couronne de France, avaient acquis un développement dont font foi les comptes annuels. Un état des tenures féodales, dressé en 1331 par Guillaume Obrival, nous donnera une juste idée des émoluments perçus par le fisc ; ces émoluments ont dû varier selon le temps et les

(1) Archives de la chambre des comptes. — Histoire de l'église de Vaison.

circonstances ; le tableau suivant nous fixera du moins sur leur nature et leur origine (1).

105 saumées de froment provenant de la *Leyde*.

112 saumées de froment provenant de la ferme des moulins.

6 saumées trois émines de froment des *menus services*.

45 saumées d'avoine de la *Leyd*e.

8 saumées d'avoines des *menus services* ou redevances.

2 muids de vin des *Obres*.

15 muids de vin de la cense du Buis.

55 poules.

19 livres de poivre.

23 livres de cumin.

1 livre de cire.

8 saumées d'huile d'olive.

26 saumées de bois.

6 écuelles.

1 lapin.

1 Perdrix.

41 livres de cense des *menus services*.

3 florins des redevances de l'hôpital.

15 florins des gardes.

13 gros du louage des *régailles*.

10 livres du four.

(1) Archives de la chambre des comptes.

19 florins de la sergenterie ou des huissiers de la cour.

17 florins du ban de vin.

16 livres 19 sols du revenu du sceau.

12 sols de la bulle.

9 livres de *Treizain*.

6 livres des judicatures.

12 livres du péage et de la *Leyde*.

73 florins des foins et pâturages.

Les droits de *leyde*, qui formaient la meilleure part des recettes seigneuriales, consistaient en une redevance prélevée sur le blé et les grains apportés sur la place du marché ou sous les halles; il y avait là des mesures en pierre pour la sûreté des transactions. Elles étaient particulières aux Baronies et se divisaient, la saumée en huit émines, l'émine en quatre quarterées, la quarterée en six cosses. L'acquittement des tenures féodales et des droits seigneuriaux se faisait en denrées, en céréales, en volaille et rarement en numéraire. Peu familiarisés avec l'or et l'argent, nos bons aïeux agissaient avec l'impôt, comme les métayers de nos jours avec les propriétaires; ils soldaient avec les produits de la terre.

Expression de mœurs et d'usages pour toujours éteints, ces détails méritent une profonde attention; car pour connaître le passé, pour en saisir la physionomie, il faut étudier minutieusement tout ce qui caractérisait l'existence intime et le mécanisme de nos communautés.

Le tableau où viennent d'être mis en regard les
revenus de la châtellenie à côté de l'état politique,
social et ecclésiastique du Buis, appelle une description topographique de cette ville et un court
exposé de son commerce et de son industrie. Sous
la féodalité, époque éminemment chrétienne et
guerrière, nos contrées se couvrirent de donjons,
de châteaux, d'églises, de monastères et de
prieurés, symboles et emblêmes des deux grands
principes autour desquels gravitait le monde. Si
le sentiment religieux se traduisait au Buis par des
monuments et des institutions dont la ruine et
l'absence ont laissé un vide que peut-être, hélas !
ne comblera point l'avenir, la force matérielle ou
le sentiment guerrier l'avait aussi empreint, d'une
manière non moins frappante, du sceau de ses
œuvres et de sa puissance. Le Buis n'eut jamais,
il est vrai, de forteresse; sa position, en un sol plat
et uni, eut affaibli les ressources qu'on pouvait tirer
d'un donjon; mais d'épaisses murailles flanquées
de tours entouraient la ville et la mettaient à l'abri
d'une surprise et d'une attaque à main armée. Un
fossé constamment rempli d'eau longeait cette formidable ceinture, sans solution de continuité;
devant chacune des portes s'abattait un pont-levis
pour faciliter l'entrée ou la sortie. Il y en avait
trois répondant à trois des points cardinaux et désignées sous une appellation empruntée à des circonstances locales. Les plus anciennes avaient nom:

portail des *Frères-Prêcheurs*, portail de *Sainte-Euphémie* et portail de *Beauvoisin*.

Le couvent, dont l'extérieur ressemblait plus à une citadelle qu'à un édifice monacal, avait une large part dans la défense du Buis et se posait devant lui comme un fort détaché qu'il fallait enlever. Les conditions de sécurité s'étaient multipliées en raison des perturbations et des conflits intérieurs. A une faible distance et sur un point culminant, le château d'Ubrils prêtait aux habitants un solide appui et, par la nature de son assiette, rendait inefficace tout mouvement hostile se produisant au nord et au levant. Voyant dans ce donjon aérien une sentinelle avancée qui, vigilante et toujours armée, garderait sûrement le passage et conjurerait le péril, la communauté du Buis tournait vers lui ses espérances et lui imposait un rôle actif auquel il ne fit jamais défaut durant les secousses du moyen-âge. Les guerres de Reymond de Turenne en sont une preuve éclatante et celles des huguenots montreront un jour de quelle utilité et de quel secours il était pour le Buis. Vassal orgueilleux et mécontent, Reymond avait inondé de ses bandes indisciplinées le Comtat et le bas Valentinois; la paix, le repos, le travail étaient gravement menacés; les consuls firent en 1390 une requête à l'effet d'obtenir que le château d'Ubrils recevrait une garnison entretenue aux dépens des revenus de ce fief. Le gouverneur du Dauphiné fit droit à leur demande et grâce au patriotisme et à la prévoyance de ses magistrats, le Buis put traverser sans trouble cette époque orageuse marquée de tant de calamités pour les pays voisins. Cet incident mérite d'être signalé, parce qu'il nous éclaire sur la glorieuse destination d'Ubrils qui, on le voit, était le complément obligé du système de défense créé au profit du Buis (1).

Aux portes aboutissaient des rues principales, grandes artères concentrant le mouvement et découpant l'intérieur de l'enceinte. On remarquait les rues des *Ares*, des *Cappons*, du *Marché*, de la *Cour du roi Dauphin*, des *Béaux*, des *Fours*, des *Juifs*, de *Chauchières*, des *Gauchoirs*; la rue *Pouilleuse*, la rue *Malgarnie*, la rue des *Quatre cantons* et la rue de la *Conche*, ainsi appelée d'une fontaine en forme de conche ou de coquille. Au débouché de quelques-unes de ces rues existaient des carrefours, centre de vie et d'animation. La *place du Marché*, rendez-vous ordinaire des produits de l'agriculture et de l'industrie, était très-étendue; pour lui conserver ce précieux avantage les consuls, en 1291, prohibèrent toute construction sur ce lieu. Jusque-là par une tolérance municipale, bouchers et corroyeurs avaient pu y dresser des cabanes où ils étalaient leurs marchandises; les échoppes disparurent ainsi que des magasins en pierre. La seule

(1) Archives de la mairie du Buis.

maison du poids public fut respectée et mise en dehors de l'arrêté des édiles. Plus tard s'élevèrent des halles couvertes et disposées autour de la place en forme de galeries dont les arceaux réguliers présentaient un aspect monumental (1).

Là, chaque semaine, les manants et tenanciers des paroisses voisines transportaient du blé, de l'avoine, des laines, des fruits et toute espèce de denrées. La somme des revenus de la *leyde* nous dispense de tout commentaire sur le nombre des transactions qui s'opéraient aux jours de marché. Une seule foire se tenait au Buis; elle s'ouvrait le lendemain de la fête des Rameaux et durait trois jours consécutifs. Des immunités, des franchises attiraient les populations du Comtat, de la Provence et du Dauphiné et lui valaient un renom depuis longtemps tombé.

Quoique les voies de communication fussent moins faciles que de nos jours, le commerce avait pris une extension considérable. Les huiles, le drap, les cuirs préparés au quartier de la *Chauchière*, les bestiaux donnaient lieu à un trafic très-animé et qui jetait l'aisance au sein des habitants. Les produits minéralogiques n'échappaient point à leur génie industriel; car, en 1447, Rostaing Blanchard reçoit des lettres patentes en vertu desquelles il pourrait pratiquer des fouilles dans le ter-

(2) Archives de la chambre des comptes.

ritoire du Buis, à la montagne Argentière pour en extraire le mercure et construire des fabriques ou ateliers d'exploitation (1). De ces éléments variés de prospérité découlait un bien-être général qui, profitant au fisc, permettait à la communauté de pourvoir à tous ses besoins et à toutes ses charges. En dehors des tailles municipales, elle s'était créé des revenus importants tirés principalement du droit de *Rève* et de *Souquet*, impôts frappant la vente en détail de la viande et du vin, du fermage du poids public, d'un moulin et de quelques maisons et terres lui appartenant. Ingénieuse à augmenter ses ressources, elle aliéna l'usufruit d'une partie des fossés qui, convertis en viviers, devenaient productifs sans perdre le caractère de leur destination première. L'entretien du pont de pierre bâti sur l'Ouvèze, près de la ville, constituait pour elle un fardeau écrasant qu'elle allégeait au prix de sacrifices très-onéreux; elle avait aussi à diriger ses efforts sur l'endiguement du torrent dont les flots débordés allant se briser contre les remparts, semèrent plus d'une fois la terreur et l'effroi au milieu de la population (2).

Sous la période du moyen-âge, les annales du Buis ne présentent point ces grands événements qui excitent la curiosité, réveillent l'imagination

(1) Archives de la chambre des comptes.
(2) Archives de la mairie.

et flattent le patriotisme ; mais envisagées au point de vue de son organisation intérieure, elles renferment des faits pleins d'enseignement pour quiconque veut s'initier à la connaissance des mœurs, des usages et du mode d'existence de la vieille société. L'étude approfondie de chacune de ses institutions met au jour des sentiments élevés, des instincts généreux et une condition d'aisance qui enlève toute signification aux mots d'*oppression et de barbarie* par lesquels des esprits prévenus ont voulu stigmatiser la vie de nos aïeux.

Le Buis marchait d'améliorations en améliorations, jouissant en paix des faveurs, des priviléges et des avantages qu'il devait ou à sa position topographique ou à sa propre énergie, lorsque s'inaugura en Dauphiné la *prétendue religion réformée*. Cette somme de bien-être laborieusement acquise, ces destinées si calmes, ces progrès croissants, gage d'un avenir encore meilleur, tout était compromis et menacé. Martin Luther levait l'étendard de la révolte et faisait appel aux plus mauvaises passions. Après avoir jeté au vent sa robe monacale et foulé aux pieds les vœux les plus sacrés, il se posait en réformateur de l'Eglise, en apôtre envoyé du ciel et osait brûler ce qu'il avait adoré. Attaquer les dogmes fondamentaux de la foi, le culte, la lithurgie, les sacrements, c'était accuser d'erreur, de mensonge et d'idolâtrie les seize siècles qui avaient précédé ; mais son orgueil l'aveugla et d'une main sacrilége il voulut abattre un édifice immuable, parce qu'il n'était pas l'œuvre des hommes. Jean Calvin, autre apostat par rancune et par dépit, développe les errements de son maître, prêche le libre examen et réduit toute croyance religieuse aux seules inspirations individuelles ; de là, plus d'autorité, plus de symbole commun. Cette doctrine était grosse de révolutions et de tempêtes ; elles ne tardèrent point à éclater terribles et violentes, comme tout ce qui procède d'une raison en délire. La politique s'empare de cet élément de perturbation, et pendant qu'elle s'en sert pour arriver au pouvoir, l'anarchie triomphe, le sang coule, le sol se couvre de ruines et quand Henri IV ramena la paix en nos contrées désolées, il y avait autel contre autel, temple contre temple ; l'union et le bonheur avaient disparu ; seules la misère et les dissensions intestines restaient au foyer.

Quelques émissaires de Calvin avaient pénétré dans le Dauphiné, répandant çà et là, mais clandestinement, des pamphlets injurieux, des livres contraires à l'orthodoxie. L'appât de la nouveauté, l'ignorance, l'esprit de fronde inhérent au caractère national et le mystère dont s'entouraient les assemblées des adeptes, favorisent les progrès de la réforme et y déposent ces ferments de discorde et de haine que devaient exploiter bientôt à leur profit, l'ambition et la cupidité. Dans les Baronies cette propagande occulte revêtit une forme moins timide et moins réservée. De puissants gentilshommes ayant donné l'exemple de la désertion, l'hérésie leva la tête et s'implanta par la force et la terreur. Les seigneurs de Vercoiran, de Saint-Auban, de Gouvernet accueillirent des premiers les envoyés de Genève; toutefois leur patronage et leur zèle semblaient anodins auprès des moyens qu'employa Charles Dupuy, seigneur de Montbrun, pour la plus grande expansion du calvinisme. Il détruisit la chapelle de son château, s'opposa à la célébration de la messe, changea l'église paroissiale en temple et contraignit ses vassaux à assister au prêche; la bâstonnade, cet argument des tyrans, lui donnait raison de ceux qui refusaient de se faire huguenots (1)

Ces faits accomplis en 1560 eurent beaucoup de retentissement et firent entrevoir aux catholiques quel avenir s'ouvrait devant eux, si l'autorité ne prenait pas en main la cause de l'ordre et de la religion. Malgré la proclamation des édits royaux à l'encontre des réformés, malgré la vigilance du vi-bailli, la mauvaise semence avait été jetée au Buis et reçue par quelques habitants désireux du pillage ou vendus à Montbrun. La grande majorité demeura fidèle, repoussant avec dégoût des principes subversifs et un culte sans enseignement et sans attrait pour le cœur et les sens.

(1) Histoire des guerres du Comtat, 1er, page 85.

Cependant informé des sévices qu'exerçait Charles Dupuy à l'égard de ses tenanciers et sujets, le parlement de Grenoble prescrivit à Bouvier, prévôt des maréchaux, de se saisir de lui pour le faire comparaître devant la cour. Pareille mission n'était point facile; le commissaire se rendit à Reilhanette, escorté d'une compagnie d'archers. Là, ayant accepté une entrevue dans la campagne, il fut traîtreusement enlevé par Montbrun et conduit dans les prisons de son château. La Mothe-Gondrin, lieutenant du roi en Dauphiné, somma l'audacieux rebelle de relaxer le prévôt et ses archers et de venir exposer sa conduite à Grenoble. En présence d'un ordre parti de si haut, la soumission était un devoir et la résistance un crime et une folie. D'abord terrifié à l'aspect de l'orage qu'il avait soulevé, Montbrun hésita, puis emporté par sa fougue, il résolut de le braver. L'orgueil lui fascinant les regards, il crut que la victoire l'absoudrait de la révolte; mais la victoire encourageant ses premiers pas, l'abandonnera un jour et ses illusions viendront s'évanouir aux pieds d'un échafaud (1).

Confiant sa personne et sa vie aux hasards de la guerre, il réunit en toute hâte trois cents hommes dévoués à sa cause et de concert avec Mouvans, gentilhomme provençal, s'empare d'une petite

_____

(1) Histoire des guerres du Comtat, 1er, page 94.

ville qui lui servira de gage pour traiter avec ses
adversaires. Malaucène, surpris durant la nuit
tombe en son pouvoir; alors se manifestent au
grand jour les projets des réformés. Le vainqueur
dévaste les églises, établit un prêche, chasse les
catholiques et fortifie sa conquête par l'admission
de tout ce qu'il y avait de mécontent et de pervers
dans les environs. Pendant qu'il avisait aux moyens
de conserver sa position, le lieutenant du roi
assemblait des troupes et se disposait à reprendre
Malaucène. Instruit des préparatifs dirigés contre
lui et redoutant l'issue d'une lutte inégale, Montbrun abandonne secrètement la place et sort accompagné d'un seul domestique. Ses soldats démora-
lisés s'évadent à leur tour et quand arrive La Mothe,
il trouve le poste désert et inoccupé. Les biens du
fugitif payèrent pour lui; ses terres et son château
envahis, un riche butin enlevé signalèrent cette
étape d'une vengeance non assouvie (1).

Vaincu sans combat, impuissant à dominer la
tempête, Montbrun mit bas les armes et s'engagea
par un traité à ne plus les porter; mais ayant violé
sa parole il faillit devenir à Molans le prisonnier
de La Mothe-Gondrin, de nouveau à sa poursuite,
depuis son dernier acte de félonie. Comme il fuyait
errant d'asile en asile chez ses coreligionnaires,
il fut découvert au Buis. Si la maison où il s'était

(1) Histoire des guerres du Comtat, 1er, page 106.

réfugié eût été cernée, c'en était fait de lui et de grandes calamités n'auraient pas pesé sur nos contrées et des pages de sang seraient retranchées de notre histoire. La porte seule était gardée; il s'élance dans la rue du haut d'une fenêtre et parvient ainsi à sauver ses jours menacés (1). Cet épisode de la vie de Montbrun appartient aux annales du Buis et témoigne de la présence en cette ville de quelques partisans du fougueux sectaire. Tels furent les débuts de ce Montbrun que son audace, sa valeur, son activité allaient mettre à la tête des huguenots du Dauphiné. Les Baronies, le Valentinois et le Comtat, principaux théâtres de sa carrière militaire, le verront guerroyer pendant quinze ans; sous ses pas s'élèveront des ruines; les églises, les monastères brûlés et renversés, les prêtres massacrés, les bourgs saccagés, les catholiques persécutés et traités en parias proclameront partout son fanatisme et ses triomphes.

Le calvinisme était démasqué; nul ne pouvait ignorer ses plans et son but. Vivre, avoir droit de cité, ne lui suffisait pas; il voulait anéantir la religion, effacer du sol jusqu'à ses vieux monuments et ses glorieux emblèmes; il voulait renverser le trône et sur les débris de la monarchie asseoir une constitution politique conforme à ses instincts d'orgueil, d'agitation et de désor-

(1) Histoire des guerres du Comtat, 1er, page 135.

dre. Mais le gant si imprudemment jeté, en signe
de guerre et de défi, la noblesse le releva, soutenue de populations que n'effrayaient ni le danger,
ni les menaces, ni la mort. Au bruit du canon,
l'ardeur belliqueuse se réveille ; le manant délaisse
la charrue pour l'arquebuse ; hommes, femmes,
enfants, vieillards défendront leurs foyers contre
les pillards, les briseurs de croix et les violateurs
de tombeaux. Le plus humble village revêt l'aspect d'une place forte, consolide d'antiques remparts ou en élève de nouveaux. Ce mouvement
présageait une explosion imminente ; elle éclate
et soudain les réformés entrent les premiers dans
l'arène tuant, égorgeant, incendiant pour le profit
d'une hérésie ou d'une coterie politique.

Par sa position, par la suprématie que lui donnaient dans les Baronies le bailliage et diverses
institutions, le Buis ne devait pas rester étranger
aux évolutions des partis. Souvent les huguenots
tentèrent de s'en emparer et presque toujours ils
virent leurs efforts se briser en face de murailles
épaisses derrière lesquelles se mouvait, prêt au
combat, un peuple uni et fort de son patriotisme.

L'année 1562 fut une année de deuil pour le
Valentinois et le Comtat ; le baron des Adrets mar-
chant de victoire en victoire, semait partout la
terreur et la mort. Pendant qu'il couvrait de sang
et de ruines les villes et les bourgs assis sur la rive
gauche du Rhône, depuis Vienne jusqu'à Orange,

Paul de Mouvans opérait dans les Baronies, guidé par la même devise et obéissant à un mot d'ordre qui se traduisait par le massacre des catholiques et la destruction des monuments religieux. Plusieurs places avaient été emportées par lui, lorsqu'il parut devant le Buis à la tête de huit cents huguenots, tous jaloux de rivaliser avec les soldats de celui qui par haine et dépit venait de s'imposer pour chef aux calvinistes du Dauphiné. La ville était sur la défensive, confiante en la bonne cause et déployant une attitude propre à intimider l'ennemi; aussi Mouvans, cachant ses projets de conquête, se borna-t-il à demander pour lui et les siens un logement de courte durée. Les consuls et les habitants soupçonnant un piège n'accueillent point sa pétition et justifient leur périlleux refus par l'impossibilité où il était de leur montrer des lettres de commission l'autorisant à prendre gîte au Buis. Honteusement éconduit le capitaine s'approche du couvent et conjure hypocritement les Frères-Prêcheurs de le recevoir. Ceux-ci, abandonnés à leurs seules forces, redoutent bien, il est vrai, de voir se renouveler un fait encore présent à leur mémoire. Leur maison avait été pillée et brûlée en 1536 ou par les Vaudois ou par les Impériaux auxquels l'absence de garnison faisait la partie belle. La même cause devait produire, hélas! les mêmes résultats. Les Dominicains, ne pouvant résister impunément aux désirs de Mou-

vans, lui ouvrent leurs portes et mettent à sa dis-
position les vivres qu'il réclamait; à peine rassasiés,
les huguenots se laissent aller à des instincts un
instant contenus; ils vident les celliers, font main-
basse sur tout, épuisent les provisions dès longtemps amassées et se livrent à une orgie qui ne
finit qu'avec la nuit.

La première lueur du jour les invitait à se retirer,
emportant la joie d'avoir perfidement violé les
devoirs de l'hospitalité reçue; mais les excès et
les débauches dont ils avaient souillé ce pieux asile,
appelaient d'autres excès et, ivres de haine autant
que de copieuses libations, ils saccagent le couvent, détruisent ses archives et courent sus aux
religieux que le sentiment du danger n'avait pu
éloigner. Quelques-uns avaient fui par la porte du
souterrain communiquant avec la ville; mais ceux,
qui n'avait pu ou voulu se soustraire à la rage des
soldats de Mouvans, sont massacrés avec tous les
raffinements de la cruauté. Le père Antoine Doux
fut une des victimes sur laquelle s'exerça le plus la
sauvage barbarie de ces forcenés; ils se saisissent de
lui et selon le témoignage de là tradition locale, le
f ont mourir sur une croix... Le souvenir de son mar-
tyre, quelles qu'en aient été les formes et les circonstances, a survécu glorieux et vénéré, tandis que celui
des bourreaux s'est perdu dans le mépris et l'oubli (1)

(1) Archives de la paroisse.

Le sang coulait encore, baignant les dalles du sanctuaire et le pavé des cloîtres, lorsque ne trouvant plus à tuer, les calvinistes consommèrent leur odieux triomphe sur de pauvres moines, par la ruine complète des bâtiments qui depuis trois siècles abritaient tant de vertus. De ces murs calcinés et vomissant des flammes, de ces débris jonchant la terre, sortait une voix accusatrice, voix du passé étouffée au milieu du tumulte, des cris et des blasphèmes.

Quand la horde brutale et avinée se fut retirée, quand les émotions de ce tragique spectacle eurent fait place à des émotions moins douloureuses, les Dominicains échappés au carnage se préparèrent à relever leur demeure; mais les troubles continuant, ils abandonnèrent leur entreprise, attendant des jours plus calmes et plus favorables. Les habitants acquirent les matériaux déjà accumulés et les firent servir à la réparation des murailles et des tours de la ville; puis, ils abattirent ce qui restait de ce monastère façonné sur un château, afin d'enlever aux huguenots un poste d'où ils auraient pu inquiéter le Buis. Ainsi disparut le magnifique couvent fondé par Reymond de Mévouillon (1).

Par son influence, son zèle et son dévouement, le vi-bailli écarta plus d'une fois le péril et empêcha

(1) Archives de la paroisse.

que la place ne tombât par trahison au pouvoir des ennemis. Cependant malgré sa vigilance, les nouvelles doctrines avaient franchi l'enceinte et une minorité factieuse suppléant au nombre par l'audace et la morgue, jetait de la perturbation et de la tristesse au sein d'une ville qu'alarmaient à bon droit, les évènements du dehors. Elle était parvenue à entraver l'exercice du culte; ses menaces, ses violences de chaque jour intimidaient les habitants et ils courbaient silencieusement la tête sous le joug d'une poignée d'oppresseurs, lorsque le lieutenant du roi mit fin à ce désordre. De Gordes vint au Buis en 1564 et y trouva le président Truchon, amené lui aussi, dans les Baronies par les intérêts du parti catholique. La célébration du sacrifice de la messe étant rétablie, il fut enjoint aux dissidents de ne rien faire à l'avenir de contraire à la libre pratique de la religion (1).

Un instant assoupie, l'agitation se reproduisit sortant des mêmes causes. Les réformés prétextèrent bientôt les rigueurs du vi-bailli pour exciter de nouveaux tumultes et compromettre la tranquillité. A leur humeur turbulente et brouillonne ne suffisant plus les tracasseries, ils s'en prirent l'année suivante au vi-bailli lui-même et se vengèrent de sa sévérité par une action basse et incompatible avec tout sentiment de savoir-vivre et

(1) Histoire du Dauphiné par Chorier, **2**, page 601.

d'urbanité. Le cadavre puant d'une bête morte fut appliqué pendant une nuit contre la porte de l'hôtel du vi-bailli ; ce méfait aussi lâche qu'odieux, souleva une indignation générale et provoqua de la part du magistrat offensé des mesures dont se plaignirent vivement les huguenots qui se disaient innocents du délit. L'irritation grandissant allait se traduire en conflit ; dans les rues, menaçait de se vider le débat à main armée. De Gordes informé de l'état des esprits en conféra avec Montbrun près de Molans et, n'écoutant que son penchant à la conciliation, recommanda au vi-bailli la prudence et l'impartialité (1).

Longtemps conjuré et toujours prêt à éclater, l'orage s'abattit, enveloppant des lieux jusque-là protégés et à l'abri de sa fureur. Un gros corps de troupe envahit subitement la vallée de l'Ouvèze et s'empara du Buis et des bourgs voisins. Les détails de cette campagne, le nom des chefs, les péripéties de la résistance, rien n'a été conservé. Quelques lignes écrites d'une main parcimonieuse nous apprennent que le Buis en 1567 était au pouvoir des huguenots ; mais leur triomphe trop éphémère ne leur permit pas d'y asseoir leur domination. Au pas de charge, ils avaient conquis ; au pas de charge, ils évacuèrent le poste, emportant l'espoir de réparer leur échec (2).

(1) Histoire du Dauphiné par Chorier, 2, page 612.
(2) Histoire du Dauphiné par Chorier, 2, page 615.

En effet peu de mois après cet incident, en 1568, Gaspard-Pape, seigneur de Saint-Auban et l'un des plus habiles lieutenants de Montbrun, se présente devant le Buis et en forme régulièrement le siège. Le patriotisme arme les habitants et les pousse aux créneaux; ils se défendent contre les attaques du dehors et veillent à la fois sur les ennemis du dedans; car ils n'ignoraient pas que les réformés de la ville étaient en intelligence avec Saint-Auban et s'étaient engagés à lui livrer la place. Plusieurs jours ils tiennent en échec les forces des assiégeants et font face au péril; mais le 17 juin, à la suite d'un assaut vigoureusement conduit, les huguenots escaladent les murs par l'ouverture d'une brèche et se jettent dans l'enceinte. Alors la joie passe au cœur des traîtres qui se mêlent à leurs coreligionnaires et tous souillent une trop facile victoire par le pillage, le meurtre et l'incendie.

Libres de toute entrave, les vainqueurs donnent carrière à leur haine, à leur fanatisme et à leurs mauvais instincts. Les édifices religieux sont profanés et mis à sac; les prêtres et curés chassés et maltraités. L'antique église de Notre-Dame est presque renversée de fond en comble; ses débris recouvrent le cimetière adjacent; du sein de tant de ruines apparaissent seuls debout, le chœur, deux chapelles et quelques pans de murs d'une nef sans voûte et sans toiture. Aux horreurs d'une ville prise d'assaut, aux exigences brutales d'une soldatesque sans frein et sans retenue, succéda une administration despote, violente et arbitraire. Il n'y eut plus de liberté, de calme et de repos; l'épargne du pauvre, le trésor du riche, les biens ecclésiastiques, les revenus de l'hôpital, ceux de la municipalité tombèrent en des mains cupides et insatiables. Frappée dans son indépendance et sa fortune, la population se voit aussi en butte à des vexations journalières, triste expédient dont se servait l'hérésie pour faire des recrues et des apostats. En vain voulut-on la contraindre à fréquenter le prêche et à renier la foi catholique; le temple bâti par les calvinistes était riche de solitude et le ministre improvisé avait le vide autour de lui. (1).

Appauvris et épuisés par les subsides, les habitants résistent à la propagande, aux injures et aux malversations: toujours le sanctuaire de leur conscience demeure inviolable, gardé par une fidélité à toute épreuve. Leurs foyers envahis ne peuvent devenir les confidents de leurs larmes et de leurs sentiments; l'église démolie en partie est muette d'enseignements et de consolations et cependant rien n'ébranle leur constance; ils bravent et supportent tout, plutôt que de trahir leurs convictions et leurs principes; l'espérance les soutient

(1) Histoire du Dauphiné par Chorier, 1, page 610. Archives de la paroisse.

et l'heure de la délivrance les trouvera résignés et non abattus. L'absence de documents authentiques ne permet pas d'assigner d'une manière certaine la durée de la domination des huguenots au Buis; elle y laissa la misère, le désordre et des ruines si nombreuses qu'elles semblaient défier l'avenir de jamais les relever.

La prise du Buis constituait pour le parti réformé un succès d'autant plus important que maître de Nyons depuis 1560, il pouvait faire la loi aux Baronies et de là inquiéter plus sûrement le Gapençais et le Comtat. Mais ému du désastre de cette ville et prévoyant tous les avantages que tireraient ses adversaires d'une conquête si précieuse au point de vue de la stratégie et des opérations d'une campagne, De Gordes résolut de la leur arracher. Les circonstances venant en aide à ses projets il parvint à récupérer une place ardemment disputée.

Grâce à la présence d'une compagnie dévouée et commandée par un vaillant capitaine, grâce aux travaux de défense qu'activait chez les habitants la crainte de voir se renouveler les derniers malheurs, le Buis rentré sous l'autorité royale put échapper aux tentatives des camps-volants, système habile auquel Montbrun devait ses plus brillants succès. Nuit et jour sur la plate-forme des tours et aux portes veillaient les soldats du guet et au premier cri d'alarme poussé par la sentinelle ou par des éclaireurs, tous couraient aux armes, attendaient l'ennemi de pied ferme et souvent allaient disperser ces bandes de pillards que vomissaient dans les champs les bourgs occupés par les huguenots. La garnison de Nyons venait fourrager jusque sous les remparts du Buis; quelques détachements, arrivés de plus loin, augmentaient encore les appréhensions et imposaient aux catholiques un qui-vive perpétuel dont les exigences condamnaient au marasme et au dépérissement le commerce, l'agriculture et l'industrie (1).

Guidés par une politique variable comme les chances de la guerre et réduits à la défaillance par l'épuisement d'hommes et d'argent, les chefs des deux partis signaient des trêves ou concluaient des traités de paix; mais ces trêves, non acceptées de leurs subalternes, étaient presque aussitôt rompues et le peuple, déçu en son attente, voyait de nouveau s'ouvrir les hostilités. Un peu de répit avait été donné, dès le commencement de l'année 1573, lorsque Montbrun provoqua tout à coup une levée de boucliers; c'était au mois d'avril. Il entra en campagne rêvant l'asservissement du Dauphiné tout entier et distribua à ses partisans un lot de terrain à conquérir. Sa valeur, son ambition et ses hardis projets échouent en plusieurs lieux devant l'attitude et la résistance des places qu'il voulait enlever.

(1) Histoire des guerres du Comtat, 1, page 45.

A Saint-Auban, ce même champion de la réforme qui avait pris et saccagé le Buis, avait été confié le soin de soumettre les Baronies ; il part, assuré de cueillir encore des lauriers là où son fanatisme et sa barbarie éclataient sur des trophées dignes de lui. Cependant comme il savait le Buis plein de rancune à l'endroit de ses prouesses, il eut recours aux stratagèmes et à la ruse, ne doutant point que la ville ne succombât promptement sous son ingénieuse combinaison. Arrivé et satisfait des dispositions prises, il fond sur une porte d'entrée qu'il soupçonnait être faiblement gardée et là, stimulant l'ardeur des siens par son audace, il déploie pour forcer le passage cette intrépidité et cette bravoure qui décident du triomphe, lorsqu'un coup parti du côté des assiégés le blesse gravement et amortit son impétuosité. Malgré cet incident, il parvient à se rendre maître de la porte ; mais à ses yeux stupéfaits se dresse une barrière formidable ; c'est la garnison, ce sont les habitants défendant pied à pied un sol déjà couvert de sang et de cadavres. Le capitaine Marin Vital, placé en embuscade à une trop grande distance du théâtre de l'engagement pour en saisir le drame et les péripéties, ne lui apporta qu'un secours tardif et inutile. Quand il parut, Saint-Auban battait en retraite vivement repoussé (1).

(1) Histoire du Dauphiné par Chorier, 1, page 651.

Cette glorieuse victoire, remportée sur un ennemi puissant et façonné aux combats, releva la population de l'échec qu'elle avait subi précédemment et lui donna le secret de ce qu'elle pouvait sur les fauteurs des troubles et les blasphémateurs de sa foi. Humilié par une défaite si imprévue, le huguenot va faire peser sa rage aux alentours. Il cerne la Roche-sur-Buis et s'en empare, mais après huit jours de siége et d'une lutte opiniâtre qui lui coûte la vie de ses meilleurs soldats.

Les années succédaient aux années, toutes marquées du sceau de la guerre civile, toutes présentant mêmes scènes d'horreur, mêmes surprises de bourgs et de châteaux. Ici vaincus, là triomphants, les calvinistes mettaient à soutenir leur cause un acharnement que rien ne lassait. A les voir butinant dans les campagnes, brûlant les métairies, renversant les églises, pendant moines et prêtres, on eut dit que l'agitation, le meurtre et l'incendie étaient pour eux une condition de vie. Enfants de la révolte de Luther contre l'autorité, ils semblaient ne pouvoir exister qu'avec la violence et la terreur; la haine, l'appât du pillage, les aspirations dévoyées allaient à eux et venaient combler de leurs recrues les vides que la mort faisait dans les rangs des factieux. Ces aveugles instruments d'une politique égarée déchiraient de leurs propres mains le sein de la patrie, ruinaient ce qu'avaient édifié leurs pères, profanaient ce qu'eux-mêmes véné-

raient naguère, et cela sur le dire d'un moine
apostat et cela pour le profit d'une coterie jalouse
du commandement et de la domination.

Si divisés et ne reconnaissant pas le même dra-
peau, quelques gentilhommes du Dauphiné étaient
entrés en lice derrière Condé et Henri de Navarre,
qui exploitaient les instincts du calvinisme pour
supplanter le duc de Guise, leur puissant adver-
saire, beaucoup marchaient à la suite de l'étendard
royal, dépensant leurs forces et leur vie, au service
du trône et de la religion à la fois ébranlés. Parmi
ces derniers, l'histoire donne une brillante place
à François de la Baume, comte de Suze. Le bas-
Valentinois et le Comtat étaient son principal champ
de bataille; maintes fois il avait battu les huguenots; maintes fois il les avait délogés et chassés de
nos bourgs. Henri III voulant récompenser son
dévouement et sa valeur chevaleresque lui octroya,
le 23 décembre 1575, pour une durée de neuf ans,
la châtellenie du Buis et tous les droits, revenus,
priviléges attachés à cette terre. Les habitants ne pouvaient rester indifférents en présence d'une mesure
qui, toute rémunératoire qu'elle était, leur ména-
geait, au milieu des périls et des convulsions, un sou-
tien fort et redouté. Leur confiance augmenta et les
faits et gestes du nouveau titulaire ne tardèrent point
à justifier son haut renom de bravoure et de crédit (1).

(1) Archives de la chambre des comptes.

Tandis que Nyons, foyer incandescent d'où rayonnaient le désordre et l'anarchie, servait de place d'otage aux réformés du Dauphiné, le Buis, constamment attaché au parti catholique, recevait des événements un reflet de célébrité qui lui arrivait sans passer à travers des larmes et du sang. C'est ainsi qu'au commencement de l'année 1578, il devint le siége d'une assemblée convoquée à l'effet d'amener la pacification des esprits. Un édit avait été récemment publié ; mais les huguenots refusaient d'en accepter toutes les clauses et soulevaient des difficultés qui, non aplanies, devaient frapper d'inanité les efforts des négociateurs. Le maréchal de Bellegarde ayant proposé aux récalcitrants l'arbitrage d'une réunion formée des principaux chefs, les délégués se rendent au Buis et déposant un instant leur animosité, s'abouchent, se mêlent ensemble et discutent en des conférences. De Gordes ne put y assister ; car, parti de Grenoble déjà souffrant, il mourut en route, à Montélimar, le 20 du mois de mars. Cette perte excita une sincère et profonde douleur ; les réformés eux-mêmes, subjugués par l'ascendant de son courage et de ses éminentes qualités, payèrent à l'illustre défunt un tribut d'hommage non suspect d'adulation. La nouvelle de sa mort, en réveillant de coupables espérances, augmenta l'opposition chez quelques membres du congrès. Maugiron, héritier de la charge de Gordes, n'avait ni son influence, ni son caractère doux et conciliant; il essaya cependant de traiter auprès de Lesdiguières, l'âme et l'appui des dissidents; tous deux arrêtèrent un accommodement que des mandataires de l'assemblée du Buis, allèrent soumettre au roi. Mécontent de sa teneur, Henri III le rejeta et les conférences se rompirent sans avoir abouti. L'appel aux armes fut donc aussi *l'ultima ratio* à laquelle eurent recours ces capitaines vieillis dans les agitations des camps et plus habiles à manier l'épée qu'à conduire à bonne fin une négociation du reste toute hérissée de mauvais vouloir (1).

La guerre reprit son cours avec cette fureur et cette rage qu'offrent seules les querelles politiques et religieuses. Meurtres commis de sang froid, excursions soudaines, camps-volants, prises et reprises des villages, tel fut encor le cachet distinctif d'une lutte commencée depuis vingt ans et soutenue avec cette effervescence que communiquent aux partis des passions s'inspirant de la vengeance et de l'orgueil. Les tentatives de paix ayant échoué devant les exigences de la haine et de l'amour-propre, le bas-Dauphiné retomba en une conflagration générale dont les effets ne tardèrent pas à se manifester. Un homme de cœur, un fougueux partisan de la ligue, Jacques Colas,

(1) Histoire du Dauphiné, 1, page 684. — Mémoires d'Eustache Piémont.

vi-sénéchal de Montélimar, parcourait l'année suivante, 1579, le Valentinois et les Baronies, ameu-
tait les populations contre les huguenots et livrait
même au pillage les maisons des gentilshommes
catholiques qu'il savait ne point partager son zèle
outré. Il assiégea le château de la Roche-sur-Buis
et le prit avec l'aide du vi-bailli du Buis, qui lui
aussi, en ces temps de confusion et d'anarchie,
troquait sa robe de magistrat pour la rapière et le
heaume du capitaine. Le duc de Lesdiguières ne
put voir sans dépit les Baronies lui échapper sous
les efforts du belliqueux sénéchal. Gouvernet, un
de ses meilleurs lieutenants, s'avance et reprend
la Roche-sur-Buis; s'il ne parvint point à recon-
quérir tout le terrain perdu, il arrêta du moins
les progrès que faisaient ses adversaires et paralysa
leur action autour du Buis (1).

Cette explosion, pendant laquelle avaient été également sacrifiés les intérêts des catholiques et des réformés, appela la présence de Maugiron à Montélimar et celle du président Hautefort-Bellièvre au Buis;
mais, conduite lentement comme si elle eût craint de
rencontrer, ou trop de coupables, ou des coupables
trop haut placés, l'enquête n'amena ni le redressement des griefs, ni la punition des méfaits qui avaient
marqué la dernière campagne de Jacques Colas (2).

(1) Histoire du Dauphiné, 1, page 689.
(1) Vie de Lesdiguières par Videl, 37.

Vigilants, actifs et sans cesse en garde contre les mouvements d'un ennemi prompt et audacieux, les habitants avaient conjuré bien des périls et maintenu au sein de la communauté un état qui, sans être calme, excluait cependant les angoisses et les calamités de la guerre. Cette condition de liberté à l'intérieur, cette confiance en eux-mêmes que leur donnait le souvenir d'anciens triomphes, faillirent s'évanouir et disparaître devant les suprêmes efforts des huguenots aux prises avec les ligueurs. La crise touchait à un dénoûment et chaque convulsion du corps social, en l'épuisant, devenait le symptôme d'une fin prochaine. Refoulés partout et réduits à des places de sûreté, les calvinistes n'étalaient plus qu'une résistance aux abois; le terrain manquait sous leurs pas; catholiques et ligueurs leur enlevaient, un à un, les lieux fortifiés dont ils avaient la possession ; tout présageait l'imminence de leur chûte et de leur défaite.

En 1587, ils veulent frapper un dernier coup et ressaisir une domination qui leur échappe. La conquête du Buis entrant dans leurs projets, ils vont l'assiéger avec un matériel considérable. Quand fut passée la première impression d'effroi que dut causer la vue de ce corps d'armée cernant les remparts et se disposant à les escalader, les habitants se comptèrent; tous voulaient concourir au salut public et associer leur généreuse ardeur pour suppléer à l'insuffisance d'une garnison trop

amoindrie. Le patriotisme en fit des soldats et ces
soldats, la veille laboureurs ou artisans, purent
tenir en échec des troupes aguerries et façonnées
de longue main aux plus rudes labeurs.

Cependant malgré leur bravoure, malgré leur
infatigable dévouement, la lutte qu'ils soutenaient
et le jour et la nuit et sur les créneaux et en des
sorties, n'eût point été couronnée par la victoire,
si de puissants renforts ne leur étaient arrivés. Le
bruit de ce siége ayant circulé dans le Valentinois,
un grand nombre de gentilshommes s'empressèrent
de voler à la défense de la capitale des Baronies.
Maugiron lui-même détacha, le 22 avril, sa compagnie de gens d'armes et l'incorpora aux milices
qui allaient secourir le Buis. Bientôt débouchèrent
les compagnies royalistes, le long de l'Ouvèze,
se dirigeant vers la place assiégée ; l'aspect de ces
auxiliaires redoubla l'ardeur des uns et sema l'in-
quiétude chez les autres. De nouvelles bandes se
succédant à peu d'intervalle, les huguenots crai-
gnirent d'être pris entre deux feux et se hâtèrent
de lever le siége avant même que tous les libéra-
teurs du Buis ne fussent réunis. Ce départ précipité
mit un terme aux anxiétés des habitants ; rendus
à eux-mêmes et libres de toute préoccupation ex-
térieure, ils rentrèrent dans leur vie propre avec
le sentiment de cette noble fierté qu'inspire un
devoir accompli au milieu de circonstances glorieuses, mais difficiles. Le siége de 1587, en cons-

tatant l'héroïsme de la population, jetait un nouveau jour sur l'affaiblissement du parti réformé. Il s'agita, se remua encore exhalant ses dernières forces en d'impuissantes convulsions (1).

L'ordre, le calme et l'autorité renaissaient insensiblement ; les esprits s'ouvraient à la confiance et les années que ne troublait plus si violemment une faction mourante et épuisée, la communauté du Buis les fit profiter au rétablissement de ses institutions, de son commerce et de son bien-être. Le mouvement de rénovation s'inaugura par la construction d'un couvent et la réédification partielle de l'église de paroisse dont il ne restait que le chœur, deux chapelles et une nef sans voûte et sans toiture. Longtemps proscrits, longtemps traqués comme bêtes fauves, les Dominicains échappés aux sicaires de Pape-Saint-Auban, virent finir leur exil et purent, durant les jours meilleurs qui se levaient, travailler à consolider leur position au Buis. Dès que l'orage ne gronda plus que dans le lointain, ils mirent la main à l'œuvre et, secondés des généreux sacrifices des habitants, élevèrent au centre de l'enceinte une maison vaste et appropriée à tous les besoins et à toutes les habitudes de la vie monacale. Quelques débris de l'ancien monastère, gisant çà et là, semblaient appeler sur eux le zèle et l'attention des religieux ;

(1) Mémoires d'Eustache Piémont.

mais des considérations de prudence étouffèrent chez eux la voix des souvenirs et ils plantèrent leur tente dans l'intérieur de la ville, sous la sauvegarde d'une population reconnaissante qui n'avait pas désappris les enseignements et les bienfaits du passé. Depuis l'an 1583, les Frères-Prêcheurs étaient installés, exerçant leur douce et pieuse mission de charité, pourvoyant au service paroissial, administrant les sacrements et remplissant les fonctions de pasteurs dévoués. Le père Pierre de Fraxe s'acquitta longtemps de la charge de curé; mais au retour de la paix le docteur (1) Pierre Arnoux étant venu se mettre à la tête de son troupeau, les Dominicains vivaient en communauté et célébraient les saints offices dans l'église de Saint-Georges dont l'étroitesse et les menues proportions disparurent plus tard, alors qu'une nouvelle église et un nouveau couvent furent construits sur les plans fournis par le célèbre architecte Jacques Ducros, de Blois (2).

En 1594, une mesure d'une haute portée vint faciliter l'accomplissement de la plus utile partie de leur tâche et assurer la réparation des désordres que l'ignorance et les attaques de l'hérésie avaient semés dans les esprits. L'évêque de Vaison,

(1) Pour être curé dans une ville ou un bourg muré il fallait avoir le grade de docteur en théologie.

(1) Archives de la paroisse.

pour se conformer aux décrets du Concile de Trente, fonda au Buis, le 30 avril de la même année, un séminaire et un collége destinés soit à préparer des clercs au sacerdoce, soit à répandre la culture des belles-lettres et à rendre accessible l'instruction religieuse à toutes les classes de la société. Bientôt une jeunesse studieuse franchit les portes du couvent, avide d'entendre les savants Dominicains chargés de l'initier aux secrets de l'histoire, de la théologie et des langues anciennes.

Frappé de la régénération morale qui s'opérait au Buis, Henri IV, en 1608 et Louis XIII, en 1618, s'empressèrent de confirmer les Jacobins dans la jouissance des priviléges et avantages qu'ils tenaient de Humbert II, et par leur concours glorieux aidèrent à asseoir sur ses primitives bases une maison dont l'existence se liait aux plus chers intérêts des Baronies. L'évêque de Vaison leur avait annexé, à titre de dotation, le prieuré de Saint-Denis-de-Proyas avec ses revenus, droits et dépendances. Du séminaire du Buis est sorti le père Girard; il occupait la chaire de philosophie ; ses talents l'appelèrent successivement à Vienne, au Puy, à Montpellier, à Saint-Etienne et à Viviers ; partout l'illustre professeur déploya une éloquence et un profond savoir que relevait la modestie, cet apanage du vrai mérite. Un autre Dominicain du Buis, le père Charles Bouquin écrivit plusieurs ouvrages de controverse et soutint une brillante

polémique avec les ministres des environs. Plein
de sève et d'énergie à son début, le séminaire du
Buis ne fournit pas la longue carrière que ses heureux commencements faisaient augurer ; au dix-
huitième siècle, il végétait dans l'ombre, puis
tombait sans éclat et sans bruit (1).

L'apaisement des troubles qui agitaient le
Dauphiné depuis quarante ans, ne devint complet
et général que lorsque Henri IV eut abjuré le pro-
testantisme et par son retour à la foi de Saint-
Louis désarmé les ligueurs. Aux huguenots ses
anciens coreligionnaires, il octroya les plus lar-
ges concessions qu'ils eussent jamais demandées,
alors même que enrôlés en bataillons, ils constituaient une puissance avec laquelle il fallait compter. L'édit publié à Nantes, en 1598, leur accor-
dait le libre exercice de leur culte et une position
sociale consacrée par le droit aux charges et aux
emplois publics. Tous les partis déposèrent leur
haine et leurs prétentions, satisfaits de la part
que leur faisaient les événements. Sous l'influence
de l'ordre et de la sécurité rétablis, la confiance
gagna les cœurs, ranima le travail et dirigea les
esprits vers un but commun. Chaque communauté
se replia sur elle-même et appliqua au développe-

(1) Almanach du Dauphiné 1788. — Archives de la chambre
des comptes. — Histoire hagiologique du diocèse de Valence
par l'abbé Nadal, 385, 8.

ment de ses intérêts des forces jusque là éparpillées ou dépensées au profit de la guerre.

La paix succédait à l'anarchie, et si en 1600 retentissait au Buis le cri : *aux armes !* du moins l'épée ne devait pas être tirée contre des frères, des voisins, contre les enfants d'un même pays. Les frontières du Dauphiné étaient menacées par le duc de Savoie ; un arrêté du gouverneur de la province prescrivit la levée du ban et de l'arrière-ban ; dans le plus humble hameau, comme dans nos vieilles cités, un sentiment de patriotisme organisa les contingents des communautés ; celui du Buis fut de vingt-cinq hommes commandés par un capitaine. Ces nombreuses milices, pour la plupart familiarisées avec les fatigues des camps, eurent la mission de continuer le siége de Montmeillan ; ainsi dégagées, les troupes régulières purent étendre la sphère de leur action et frapper de plus terribles coups à l'ennemi (1).

L'année suivante, des députés étant venus à Lyon porter à Henri IV les hommages de la ville du Buis, ce prince les accueillit gracieusement et s'inspirant de la reconnaissance, cette mémoire du cœur dont les rois ne sont pas toujours coutumiers, leur donna un haut témoignage de son affection et de son dévouement pour leurs mandataires. Des lettres patentes datées du mois de janvier 1601 au-

(1) Histoire du Dauphiné, tome 1, page 767.

torisaient l'érection au Buis de deux nouvelles foires fixées, la première au dix août, fête de Saint-Laurent, et la seconde à la fête de la Nativité de la Sainte-Vierge. En 1605, sa royale sollicitude envers une communauté qu'il avait appris à connaître lui faisait encore approuver le rétablissement de l'ancien poids à farine, principale source des revenus municipaux (1).

Un sceptre si glorieusement tenu allait passer aux mains débiles d'un enfant. Henri IV mourut, en 1610, assassiné par Ravaillac, et cette France, qu'il laissait grande et prospère, retomba pendant la minorité de son fils en un état d'agitation fébrile qui faillit emporter les précieuses conquêtes du règne précédent. L'ambition jusque-là fortement comprimée, se montre et se revèle, encouragée par les tiraillements d'une régence mal affermie; elle ranime les passions assoupies, surexcite le calvinisme à peine revenu de son effervescence première et fait tourner au profit de ses coupables intrigues la haine, le fanatisme ou le mécontentement des courtisans. Egarés par des chefs qui leur promettent le triomphe exclusif de leur culte et de leur politique, les huguenots des Cévennes et du Vivarais se soulèvent tumultueusement et demandent à la révolte armée le redressement de leurs prétendus griefs. Comme sous Charles IX et

(1) Archives de la chambre des comptes.

Henri III, le meurtre, l'incendie, la dévastation des églises et le pillage des bourgs jettent partout l'effroi et la terreur; la guerre civile éclate de nouveau, empruntant à ses devancières dont le souvenir était encore si frais et si vivace, ses formes, ses horreurs et ses atrocités.

Au bruit du canon grondant par de là le Rhône, les protestants du Dauphiné ne pouvaient ni rester calmes, ni se poser en spectateurs oisifs et indifférents d'une lutte qui avait pour enjeu leur domination. Eux aussi veulent entrer en lice; mais retenus par une main de fer, ils concentrent leur rage et leur dépit. Lesdiguières gouverneur de la province, Lesdiguières leur ancien général, les tenait en respect et autour de lui faisait prévaloir sa volonté; mais des affaires l'ayant appelé hors du Dauphiné, le fils de ce trop célèbre Montbrun qui durant quinze années avait été l'âme et l'appui des calvinistes, enrôle des troupes et rêvant des exploits de son père, tente hardiment de les continuer sur le même théâtre.

Les Baronies sont envahies en 1621; Molans, Reilhanette, Puygiron, Châteauneuf-de-Mazenc, Poët-Laval, la Baume-Cornillane, Crupies et autres places du Diois tombent en son pouvoir. Il brûle les églises, convertit les cloches en canons et rançonne cruellement les catholiques surpris et stupéfaits de sa marche rapide. Lesdiguières, informé de cette levée de boucliers, accourt en Dau-

phiné et par son habileté et son ascendant étouffe
un mouvement qui, se généralisant, aurait pu
lui créer de sérieux embarras. Montbrun subjugué
et pliant sous une force supérieure revêtue du
prestige de la gloire et de l'autorité, se soumit,
évacua les postes enlevés et licencia son armée.

A cette campagne qui remplit les derniers mois
de l'année 1621, se rattache un épisode dont les
détails précieusement conservés répandent un vif
intérêt sur les annales du Buis, en leur communiquant tout le charme d'un fait miraculeux. Le
marquis de Montbrun s'était emparé de Molans;
de là remontant l'Ouvèze, il fit mettre le siége devant le Buis où de secrètes intelligences devaient
lui ménager de nouveaux lauriers. C'était au commencement du mois d'octobre; la soudaineté avec
laquelle s'étaient levés les huguenots frappa d'étonnement les esprits. Cependant au premier bruit de
leur mouvement insurrectionnel, le seigneur de
Sainte-Jalle se jeta dans le Buis accompagné de
soixante soldats. En toute hâte il fit acheter et dis-
tribuer des munitions; les fossés furent nettoyés
et les brèches des remparts comblées. Menacés
d'un péril imminent, les habitants armés attendaient les événements au milieu d'une anxieuse
activité.

Tous les préparatifs de l'attaque étant terminés,
un artilleur ayant nom Cadart applique un pétard
contre le *portail des Frères-Prêcheurs*, espérant

le faire sauter et obtenir par là un dénoûment conforme au but de l'expédition; mais le succès ne répondit point à son attente et il eut recours aux voies plus lentes que lui imposaient la résistance et l'intrépidité des assiégés. Blocus, sape des murailles, stratagèmes variés, fausses alertes, rien ne fut épargné. Les habitants se défendaient avec courage, bravant le danger et réparant les tours et créneaux malgré le feu des arquebuses; cependant comme ils étaient numériquement inférieurs et que chaque jour s'épuisaient leurs forces et leurs munitions, la prolongation du siége ne leur offrait en perspective qu'une défaite certaine et assurée. Un secours d'en haut pouvait seul donner la victoire à cette population réduite aux abois; elle tourne ses regards vers le ciel, implorant l'assistance du Dieu des batailles par l'entremise de celle qu'avaient invoquée les soldats de Don Juan, à la journée de Lépante. Par un accord muet et instinctif un rôle est assigné à chacun; les uns debout sur les remparts contiennent l'ennemi; les autres entourent les autels de Marie et la supplient de sauvegarder leur patrie en détresse.

Les avantages remportés par les huguenots, leur nombre, leur abondance en vivres et en machines de guerre, tout présageait un succès aux blasphémateurs des choses saintes, aux iconoclastes et aux briseurs de statues. Après de laborieux efforts, le pétard joue de nouveau; un pan de murs est abattu et facilite un assaut regardé par les assiégeants comme le prélude de la victoire et le terme de leurs travaux. Il eut lieu et Cadart voulut le premier monter à l'escalade; les assiégés voient le péril et déploient tout ce que l'héroïsme peut enfanter d'audace et de valeur. C'en était fait d'eux; le soudard huguenot atteignait le sommet du rempart; mais, dit le chroniqueur, c'était l'heure choisie de Dieu pour protéger la ville. *L'Ave Maria* du matin venant à retentir, le son de la cloche troubla l'ennemi et reconforta les habitants. Tout à coup l'échelon sur lequel s'appuyaient les pieds de Cadart se brise sous le choc d'une pierre lancée avec force; l'artilleur chancelle et tombe dans le fossé rempli d'eau. A la vue de leur chef qu'ils croient foudroyé, les soldats armés d'échelles se retirent en desordre; une terreur panique s'empare d'eux et ils fuient abandonnant lâchement Cadart qui tout meurtri de sa chûte meurt noyé et suffoqué. L'infortuné touchait au *Capitole* et une puissance mystérieuse lui réservait le roc *Tarpéïen*.

Cette délivrance du Buis s'accomplit le douze du mois d'octobre avec des circonstances si extraordinaires, si en dehors des prévisions humaines, qu'il n'y eut qu'un seul cri pour l'expliquer : miracle! miracle! D'où provenait cette pierre qui avait changé les situations et pesé d'un poids si lourd dans la balance des destinées? Quelle main l'avait jetée ; le coup ne pouvait venir du côté des assiégés, on le conçoit ; faut-il l'attribuer aux huguenots, eux qui, rangés derrière Cadart, s'apprêtaient à le suivre et à le soutenir en sa périlleuse entreprise ? Personne n'avait vu la direction du projectile ; la partie de l'échelle sur laquelle s'élevait le calviniste était fracturée ; c'est là tout ce qu'on savait. Guidé par une secrète impulsion, le peuple qui avait mis la même ardeur à prier qu'à combattre, proclama hautement l'intervention de la bienheureuse Vierge Marie ; sa voix, écho des siècles passés, répétait la veille : *Auxilium christianorum, ora pro nobis ;* maintenant il louait et bénissait.

Les dépouilles de l'ennemi furent apportées dans les églises en signe d'actions de grâces ; à la paroisse demeurèrent exposés le pont roulant, un mantelet, un madrier et l'échelle dont se servit le pétardier pour monter le ravelin. Son casque et sa cuirasse, appendus près de l'autel de la chapelle du rosaire dans l'église des Dominicains, redisaient le souvenir du merveilleux événement. Une statue érigée à Notre-Dame-des-Victoires, dans la même chapelle consacra plus solennellement la reconnaissance des habitants. Ces témoins irrécusables, ces monuments parlants religieusement conservés pour la plupart, depuis bientôt deux siècles et demi, on les contemple encore aujourd'hui et à leur aspect se réveillent le patriotisme et la confiance en Notre-Dame-de-Nazareth, patronne du Buis (1).

L'orage dissipé par un rayon d'en haut fit place au calme et au travail si violemment interrompus. Une certaine animation continua cependant à régner, entretenue par la présence de gens de guerre que la prudence et la crainte de nouveaux troubles cantonnaient en ville. La capitulation du château de Mévouillon en 1626, après un siége de quarante-six jours, termine la trop longue série des agitations de la réforme. Les esprits seront encore émus; mais l'hérésie, impuissante et contenue, n'allumera plus le feu des discordes civiles et la communauté d'intérêts amènera insensiblement dans les Baronies une fusion, un rapprochement qui, altérés un instant, à l'apparition des *Prédicants* et *Prophètes*, se consolideront par le temps et l'oubli des anciennes divisions.

Les années s'écoulèrent paisibles et fécondes; avant de retracer, une à une, ces améliorations intérieures; avant d'appeler l'attention sur ce mouvement réparateur d'où sortit le bien-être général, il convient d'achever le narré des faits ayant trait à la position sociale et politique du Buis. Une dernière fois la seigneurie du Buis était aliénée de la couronne. Louis XIII, pour dédommager Honoré

___

(1) Abrégé de l'histoire du Dauphiné par Chorier, livre 10, page 131. — Archives de la paroisse.

de Grimaldi, prince de Monaco, des fiefs qu'un traité lui enlevait dans le royaume de Naples, lui accorda en 1642, avec le titre de duc de Valentinois, la jouissance féodale de plusieurs terres, sous la réserve de la souveraineté et du haut domaine. Le protégé de la France acquit par là les droits seigneuriaux sur Romans, Chabeuil, Montélimar et autres lieux voisins. Le Buis et Sainte-Euphémie, quoique hors du Valentinois, devinrent fiefs du prince de Monaco. Il nomma le châtelain du Buis, les notaires, les officiers du bailliage pour les cas ordinaires, donna des lettres de commission aux consuls élus par le peuple et retira les émoluments autrefois perçus au profit du roi. La vue de son écusson gravé sur les portes de l'enceinte, en signe de juridiction, n'émut point la population qui, dans ce transport, ne soupçonnait rien de menaçant pour ses libertés; les franchises locales demeuraient sauves, la municipalité conservait son indépendance et les charges publiques restaient au même niveau (1).

L'invasion du Dauphiné par les troupes du duc de Savoie, en 1692, fit éclater ce qu'il y avait d'ardeur belliqueuse et de nobles sentiments dans les baronies. Philis de la Charce paraît à la tête de milices enrôlées sur ses domaines, les conduit vers le Diois et le Gapençais et quand elle revient,

(1) Archives de la chambre des comptes.

Piémontais, Barbets et Impériaux avaient re-
passé la frontière. Fidèles à l'appel de Cati-
nat, électrisés aussi par l'exemple de l'héroïne
de Nyons, les habitants du Buis se montrèrent
dignes de leurs devanciers et recueillirent, en
cette campagne, une large part de gloire et de
célébrité.

Tout péril ayant disparu et la tranquillité n'étant
plus troublée à l'extérieur, le sentiment religieux
et l'amour du pays natal appliquèrent toute leur
action et toutes leurs forces au développement des
œuvres qu'eux seuls savaient inspirer. Un examen
rétrospectif embrassant les institutions fondées au
Buis, depuis le commencement du dix-septième
siècle, témoignera des sacrifices que s'imposa la
communauté pour effacer les derniers vestiges des
discordes et satisfaire au bien-être physique et
moral d'une ville longtemps éprouvée par la guerre
et les fléaux calamiteux.

A peine sortie des convulsions, à peine remise
des sanglants démêlés qui valurent aux huguenots
une place au soleil, elle marcha résolument à la
conquête de son ancienne prospérité, releva,
malgré son épuisement, les institutions du passé,
en créa de nouvelles et parvint à rendre au Buis
ce rang élevé dont l'avaient fait déchoir quarante
ans de secousses et de perturbations. Le couvent
des Frères-Prêcheurs resplendissait au loin, entouré de la faveur publique et des bénédictions de

tous. La nef de l'église paroissiale avait été reconstruite ; un autre hôpital bâti sur la grand'rue était devenu la providence du pauvre et du souffreteux ; les dettes contractées pour subvenir au passage des troupes, à l'entretien d'une garnison et aux exigences des partis, s'éteignaient par annuités. Ce travail de rénovation s'opéra sans obstacle et sans encombre, grâce aux éléments de vie qu'assuraient au Buis et sa position topographique et les nombreux avantages inhérents aux diverses prérogatives d'une capitale ; cependant il subit un temps d'arrêt, en 1629.

La peste envahissait les Baronies et portait au Buis le deuil, la terreur et la mort. Un *conseil de santé* fut organisé, chargé de combattre le mal par tous les moyens que suggéraient alors la prudence et la frayeur. Magistrats, prêtres et religieux, ligués ensemble, mirent en commun leur dévouement et leur sublime abnégation, calmèrent les anxiétés, soulagèrent la douleur et, aux prises avec la contagion, pendant plusieurs mois, remplirent jusqu'au bout leur périlleuse tâche. Les archives constatent les sages précautions, les dépenses et les mesures de sûreté auxquelles donna lieu l'apparition de la peste, mais ne jettent aucun jour sur les ravages qu'elle exerça. Les prières votives, l'exposition de la Sainte-Épine, les supplications, les larmes des veuves et des orphelins apaisèrent enfin le ciel et l'hôte mystérieux s'en alla, redoutable messager appelé en d'autres lieux par les décrets divins.

Son départ ramena les familles fugitives et provoqua aussi le retour de l'activité commerciale et de l'industrie un instant exilées. Si profondes qu'elles fussent, les plaies se fermèrent au souffle vivifiant de l'espérance, cet ange gardien du malheur, et bientôt toute cicatrice disparut.

Le collége et le séminaire garantissaient l'effusion des lumières jusque dans les rangs de la classe ouvrière et besoigneuse qui puisait au couvent une instruction s'harmoniant avec ses besoins. Un vide restait à combler : les filles moins bien partagées croupissaient dans l'ignorance, lorsque la pauvreté les rivait au sol et les empêchait d'acquérir ailleurs ces notions élémentaires que réclame la culture du cœur et de l'esprit ; mais un projet concerté avec l'autorité diocésaine, et promptement réalisé, les fit participer aux mêmes bienfaits. Les consuls obtinrent de Mgr. Joseph-Marie Suarez, un concours empressé pour l'établissement d'un monastère d'Ursulines auxquelles serait confiée l'éducation des filles. Un local spacieux avait été préparé sur les ruines de la maison claustrale qu'occupait la communauté des prêtres du Buis, avant les troubles de la réforme. Les bâtiments étaient terminés ; toutes les exigences de la vie monacale avaient été prévues ; jardin, chapelle, vaste enclos, salles d'enseignement, rien de ce qui caracté rise un couvent n'avait été omis. Les Ursulines prirent possession de leur asile, le onzième jour d'octobre de l'an 1643 ; elles arrivaient de Gap, et au moment de leur installation, elles purent voir de quelle bienveillance et de quelles sympathies serait entourée leur existence au sein d'une population qui les accueillait avec transport, après s'être généreusement associée aux sacrifices pécuniaires demandés par les consuls (1).

Les dégâts matériels causés par la guerre, quelques années de calme avaient suffi pour les amoindrir et les effacer ; mais le désordre dans les esprits, mais les ravages de l'hérésie étaient encore là, appelant un remède et une barrière. Les huguenots ne promenaient plus il est vrai le fer et le feu à travers les Baronies ; ils n'avaient plus à leur service la force et la violence pour amener des adeptes au prêche ; cependant la propagande continuait tenace, animée et d'autant plus dangereuse qu'elle revêtait des formes moins tyranniques. Leurs blasphèmes contre le plus auguste de nos sacrements demandaient une expiation et une réparation éclatantes ; de là l'établissement du Confalon dans presque toutes les paroisses. Les Pénitents blancs se constituèrent au Buis et leur confrérie en faveur acquit rapidement une position solide et basée sur une popularité que justifiait le but de leur institu-

(1) Histoire de l'église de Vaison.

tion. Ils possédaient un oratoire indépendant,
avaient un chapelain et se posaient aux offices, aux
solennités et aux processions, comme les plus ar-
dents défenseurs du dogme de la présence réelle.
Jeunes gens, vieillards, pères de famille s'enrôlè-
rent et par leur ferveur et leur zèle surent déjouer
les efforts d'un prosélytisme toujours agressif.

Vers la même époque fut érigée la confrérie de
la Sainte-Épine. Ses statuts approuvés par un bref
de Paul V témoignent de la grande vénération des
fidèles pour ce précieux fragment de la couronne
du Sauveur rendu à la piété des catholiques. Quand,
en 1562, les hérétiques saccageaient le couvent et
l'église des Dominicains, la Sainte-Épine déposée
en un riche étui brillant d'or et de diamants, fut
enlevée par un huguenot qui la cacha furtivement
dans sa maison, se réservant d'en tirer un parti
avantageux. Mais sa cupidité et ses calculs sur un
lucre sacrilége tournèrent à la gloire de Dieu et au
salut de son âme; il avait cru, lui, remplir à la
fois son escarcelle et faire chose méritoire et digne
d'un bon calviniste; il comptait sans la Providence
qui avait d'autres desseins; car un bruit étrange
et insolite ne cessa de se produire dans sa demeure,
depuis son inique larcin; toute cause admissible
échappait à son esprit troublé. Le voilà bourrelé
de remords, inquiet, agité, sans repos ni le jour,
ni la nuit; frappé de ce son accusateur qui toujours lui rappelle son crime, à bout de forces et

de courage, il court chez un Frère-Prêcheur retiré
en ville, lui remet le sacré reliquaire et abjure ses
erreurs.

Cette conversion d'un rénégat, opérée à l'occa-
sion de la Sainte-Épine ne demeura pas isolée; elle
fut suivie d'autres changements non moins prompts
et motivés par de nouveaux prodiges d'une certi-
tude telle que les plus endurcis parmi les briseurs
d'images, se rendaient à la vérité, obéissant à une
puissance invincible. En 1613, le 3 du mois de
mai, jour consacré à vénérer la croix et les instruments de la Passion, une goutte de sang parut à
l'extrêmité de la Sainte-Épine et fut aperçue d'un
grand nombre de personnes qu'avait attirées la so-
lennité. Un procès-verbal dressé aussitôt et couvert
de signatures auxquelles se mêlaient celles de
Reymond-Valaurie, official de l'évêque de Vaison,
et de Louis Cayrol, vi-bailli du Buis, constata
cet évènement marqué aux yeux de tous d'un cachet surnaturel. Le même phénomène se renou-
vela le Vendredi-Saint, devant la majeure partie
des habitants. Le bruit de ces miracles retentit
dans les Baronies, le Comtat et le Dauphiné; l'af-
fluence des pèlerins augmenta et leur foi se raviva
encore au spectacle de malades s'en retournant
guéris et glorifiant la Sainte-Épine. De cet empres-
sement, de ces faits merveilleux dont le récit porté
au loin défrayait les causeries sous le chaume et le
splendide manoir seigneurial, naquit la pensée de

fonder une confrérie, afin de rendre plus stables et plus réguliers les hommages d'un culte béni du ciel. La vertu de ce trésor légué par Humbert II, ne profita pas seulement aux populations accourues du voisinage ; aux jours des inondations de l'Ouvèze, dans les fléaux calamiteux, en face des incendies et des sinistres qui frappaient les habitants, la foule se précipitait à l'entour de l'arche du salut. La Sainte-Épine était exposée et la protection d'en haut, douce récompense des croyans, venait ramener la joie, le calme et la sécurité (1).

Cet élément religieux, qui avait produit au Buis tant d'œuvres éminemment chrétiennes et civilisatrices, gagnait en force et en expansion. Il s'emparait de toute souffrance, de tout besoin, de tout projet d'intérêt moral et physique, pour l'adoucir, le satisfaire et le sanctifier. Une communauté de filles du tiers-ordre de Saint-Dominique, s'établit en un quartier appelé Michalet, et là, sans bruit et sans ostentation, pratiquait une règle d'abnégation et de charité.

En 1673, le 17 juin, commença à vivre le *Mont-de-Piété* ou confrérie de Notre-Dame-de-Bon-Secours. Ses constitutions, autorisées par l'évêque de Vaison et homologuées par le parlement de Grenoble, avaient été inspirées par la pensée de soulager de secrètes misères, des malheurs imprévus

(1) Archives de la paroisse.

et une indigence cachée. Elle se composait de quinze membres, dont deux ecclésiastiques et treize laïques qui, tous animés d'une douce compatissance, tendaient la main à l'infortune et suppléaient à l'insuffisance des fonds affectés aux prêts du Mont-de-Piété, par des largesses demandées soit au plaisir sacrifiés, soit au superflu et souvent au nécessaire.

Placées dans une sphère où le dévouement apparaît et s'exerce comme une qualité native, les femmes, les mères de famille prirent part, elles aussi, à cette croisade du bien, et réunies en corps marchèrent sous la bannière de l'*Œuvre de la miséricorde* (1).

Partout débordait le sentiment d'une foi vive et profonde ; son expression, non refoulée, comme de nos jours, par l'indifférence ou les tendances voltairiennes, éclatait tendre ou naïve sous mille formes empruntées au symbolisme chrétien. Ici une croix, là l'image d'un saint grossièrement sculptée ; plus loin, une maxime gravée sur la façade d'une maison ou sur les registres des échevins. La rue couverte et voûtée pouvait donner lieu à quelques accidents. Une niche fut ouverte à l'entrée et les habitants du quartier y déposèrent une statue de la Sainte-Vierge ; de là est venu à cette rue le poétique nom de *Notre-Dame-de-la-Brune*.

(1) Almanach du Dauphiné, 1790.

6

Un seul obstacle se mettait à l'encontre du mouvement religieux, au point de vue des anciennes croyances; c'était letemple, il fut démoli à la suite de la révocation de l'édit de Nantes, publié au mois d'octobre de l'an 1685. Peu nombreux, et livrés à de saines appréciations que ne faussaient plus des ministres sans solde et sans chaire, les dissidents du Buis abjurèrent presque tous, et de leur existence dans cette ville si catholique, il ne resta qu'un souvenir relégué dans le plan cadastral de la commune sous la dénomination de *rue du Temple*.

S'il est vrai que les institutions d'un pays reflètent sa vie, ses pensées intimes et ses mœurs, en face de ce tableau où nous lisons les aspirations de la communauté du Buis, un sentiment de joie et de noble fierté ne doit-il pas animer les générations présentes? elles voient ce que firent les aïeux pour relever la patrie commune, et au spectacle de ce courage dont rien ne peut arrêter l'élan, les enfants, les héritiers de ces races éteintes, iront-ils se prendre de tristesse et d'abattement, alors que les révolutions les ont dépouillés des legs du passé, des laborieuses conquêtes de leurs devanciers? La haine, le fanatisme de la guerre avaient semé partout des ruines, partout le désordre; leurs coups furent si violents que la société en demeura ébranlée, que toute communauté se vit réduite aux abois et à la détresse; mais des jours meilleurs se levèrent et les habitants du Buis,

unis par le même désir, parvinrent à ressaisir une
condition sinon plus prospère, du moins égale à
celle qui leur avait été ravie. Le dix-septième
siècle, ère d'enfantement et d'innovation s'écoula
au milieu d'anxiétés et de privations qu'adoucissait
la foi en l'avenir et cet avenir n'eut qu'à jouir et à
moissonner sur un terrain péniblement remué et
ensemencé, il faut le dire, mais fécondé par les
œuvres d'un patriotisme intelligent et éclairé. Aux
angoisses, aux douloureuses émotions d'un peuple qui se réveille entouré de débris et d'épaves
jetés çà et là par les orages et les convulsions politiques, succéda la confiance, et la confiance soutenant les volontés, l'édifice social détruit et ren-
versé se montra bientôt debout, brillant d'un
éclat qui rayonna sur tout le dix-huitième siècle,
époque où le Buis, remonté à son rang primordial,
devint encore un centre de vie, d'animation et de
bien-être.

Le retour de la peste, en 1721, vint suspendre
et ralentir ce noble essor imprimé à la communauté. Avec l'isolement forcé qu'imposait la crainte
de la contagion, les intérêts matériels pouvaient-
ils n'être pas compromis? un cordon sanitaire
formé des milices se déploya sur les principales
avenues, brisant tout rapport de commerce et
d'industrie. La municipalité, vigilante et jalouse
de protéger la vie des citoyens contre un ennemi
puissant, dut repousser les étrangers, appréhen-

dant de voir le terrible fléau s'introduire en contrebande dans la petite cité toute pleine d'effroi. L'épidémie ne franchit point la barrière et les habitants, secouant de légitimes alarmes, rentrèrent avec joie dans leurs habitudes de paix, de travail et d'activité (1).

Un exposé concis de l'organisation locale, envisagé sous toutes ses faces, telle qu'elle était en 1789, terminera les annales du Buis et mettra en lumière la haute position dont il jouissait, un peu par droit de conquête, un peu par droit de naissance. Ce dernier regard donné à la vieille société nous redira ses bienfaits au profit d'une ville qui va s'éclipser et tomber ; car déjà l'horizon se couvre de nuages, symptôme assuré d'une tempête ; son prestige et sa grandeur s'évanouiront bientôt au souffle d'un ouragan se jouant des sceptres et des couronnes comme des feuilles d'un arbre décrépit.

État ecclésiastique. — L'église paroissiale était desservie par un curé, deux vicaires et plusieurs prêtres agrégés, pourvus du titre de recteurs de quelques-unes des chapelles ; les autres appartetenaient à des prêtres non résidants.

Une double officialité et une chambre ecclésiastique avaient leur siége au Buis. Parmi les établissements religieux, figuraient les Frères-Prêcheurs,

(1) Archives de la mairie.

les Ursulines, le couvent du Tiers-Ordre de Saint-Dominique, les Pénitents-Blancs, le Mont-de-Piété et l'OEuvre-de-la-Miséricorde.

De fondation municipale, l'Hôtel-Dieu avait pour administrateurs les échevins ou consuls; pour recteurs, le curé, un ex-échevin et cinq notables; pour officiers, un syndic receveur, un médecin et un secrétaire. La communauté des chirurgiens dirigée par un prévôt donnait gratuitement ses soins aux pauvres de l'hôpital, par quartier : quant au service intérieur, il était confié aux Sœurs du Très-Saint-Sacrement.

Etat militaire. — Un commandant pour les Baronies, un lieutenant des maréchaux de France et une brigade de maréchaussée résidaient au Buis, comme l'expression de la force armée du pouvoir. La milice bourgeoise était divisée en trois compagnies de soixante hommes chacune; son état-major se composait d'un colonel, d'un lieutenant-colonel, d'un major, d'un aide-major, d'un porte-drapeau, d'un sergent-major et d'un aumônier. L'uniforme était bleu-de-roi parements et revers biches, passe-poil de même couleur; collet rouge, doublures blanches; culottes et gilet blancs; guêtres noires pour l'hiver et blanches pour l'été; boutons blancs sur lesquels étaient les armes de la ville, c'est-à-dire, un buis surmonté d'un dauphin avec cette divise pour les officiers seulement : *Deus noster refugium et virtus.*

Etat civil. — La ville du Buis faisant partie du duché de Valentinois, le prince de Monaco avait la collation des offices pour les cas ordinaires. Le bailliage connaissait en première instance des causes des habitants de Nyons, Mirabel, Montbrison et Curnier, terres domaniales. Son personnel se partageait ainsi : un vi-bailli, un lieutenant, deux assesseurs, un avocat du roi, un procureur du roi, un greffier, sept huissiers audienciers ou autres et huit procureurs.

Les audiences se tenaient le mardi, le jeudi et le samedi; soixante-dix paroisses dépendaient du bailliage. En dehors des causes qui revenaient directement à ce tribunal (1), exerçaient au Buis de nombreuses judicatures particulières, ayant leurs juges, leurs lieutenants, leurs procureurs et greffiers spéciaux.

Il y avait quatre notaires royaux. Les difficultés provenant des *traites* étaient soumises à un président, à un assesseur, et à un greffier.

Le Buis possédait une subdélégation de l'élection de Montélimar; cette subdélégation représentée par un subdélégué et un greffier embrassait les causes fiscales et étendait sa juridiction sur cinquante-neuf paroisses.

(1) Le Palais-de-Justice était situé dans la rue de l'Audience, autrefois décorée d'un nom plus pompeux, *rue de la cour du roi dauphin.*

Sous le nom de *bureaux du roi* on comprenait un receveur des finances, un receveur des droits de francs-fiefs, d'amortissement, de contrôle, etc. un receveur des gabelles, un receveur des fermes, un receveur et entreposeur des tabacs.

Deux consuls ou échevins dont le premier remplissait les fonctions de Maire, douze conseillers, un receveur, un secrétaire, un valet de ville et deux sergents de quartier composaient l'Hôtel-de-Ville.

Cinq chirurgiens, deux médecins, deux apothicaires formaient un corps lié par des statuts. Le personnel de la poste se réduisait à un directeur et à un facteur. Le pédon partait du Buis le dimanche, le mardi et le jeudi et allait chercher les lettres à Valréas; il en arrivait le lundi, le mercredi et le vendredi.

Le marché avait lieu le mercredi et le samedi. Les foires se tenaient le premier samedi de Carême, le lendemain des Rameaux, le jour de la fête de Saint-Laurent et le lendemain de la Nativité de la Sainte-Vierge et de la Toussaint.

Commerce et industrie. — De belles filatures de soie existaient au Buis; il s'y frabriquait des *Bourettes*, petites étoffes de soie, et des draps appelés *Cadis* dont le placement se faisait à Vienne et à Lyon. Ce qui prouve surabondamment le génie et l'activité commerciale de la population, c'est le chiffre des affaires traitées aux seuls marchés; il s'élevait à six cent mille francs par an. Ce chiffre aurait triplé si les routes eussent été plus viables ; le mauvais état des chemins à voiture, augmentant les frais d'importation et d'exportation , restreignait par là le cercle des transactions et posait à l'industrie des limites qu'elle tentait vainement de franchir.

Ainsi doté, le Buis ne demandait qu'à vivre et à recueillir dans le calme et la paix des fruits lentement mûris. Il était à l'apogée de sa splendeur et de sa force, lorsque retentirent et les clameurs des passions politiques et le bruit de la chûte d'un trône sapé par des esprits en délire. L'anarchie poussée à son paroxysme régnait en souveraine et l'écho ne savait plus redire aux habitants des Baronies , frappés de stupeur et d'effroi , que des chants de mort, que le râle des victimes écrasées sous le char de la révolution. Les crimes, les orgies, les agitations, les folies de la capitale déteignaient sur la province et allaient porter la terreur et l'oppression en des communautés cruellement désillusionnées des fallacieuses promesses des novateurs.

Si le Buis n'eut point à déplorer quelques-uns de ces excès dont sont coutumiers les mauvais instincts livrés à eux-mêmes, c'est que la masse n'avait point abjuré ses croyances et sa foi ; c'est que de généreux citoyens luttèrent contre le torrent débordé et parvinrent à éloigner de grands malheurs. Cependant il eut ses jours d'angoisses et la tyrannie

pesa sur lui, alors qu'obéissant aux enseignements
de la conscience, il refusa de pactiser avec l'erreur
et l'impiété. La constitution civile du clergé venait
d'être promulguée par des législateurs qui voulaient réformer la religion, comme ils réformaient
l'État. M. Lunel, curé du Buis, aime mieux s'exiler
que de prêter le serment criminel qu'on exigeait
de lui. Le directoire de Valence envoya pour le
remplacer un prêtre assermenté ; mais les habitants ne lui livrèrent ni leur église, ni leur confiance, ni leur estime ; il fut repoussé avec mépris
et l'installation de l'intrus ne s'opéra qu'avec l'aide
de cents soldats mandés en toute hâte pour tenir
en respect une population exaspérée.

En 1795, la persécution semblant se ralentir,
les fervents paroissiens conjurèrent M. Lunel
de revenir au milieu d'eux, l'appelant du doux
nom de père et attachant à sa présence le retour
de la joie et des consolations du cœur. Entraîné par
de si puissantes sollicitations, le pasteur dévoué
quitte le lieu de son exil et arrivé furtivement au Buis
pour y remplir, dans l'ombre et le mystère, les fonctions d'une charge encore proscrite et condamnée.
Malgré ses précautions, malgré le secret dont il
s'environnait, l'administration départementale eut
vent de sa prétendue infraction aux lois et lança
contre lui un mandat d'arrêt. Le généreux confes-
seur de la foi est averti du péril : il sort du Buis et
va, cédant à l'orage, cacher à Sainte-Euphémie ses

jours menacés ; mais la perfidie et la haine suivent
ses traces , le découvrent et trafiquent de sa vie.
Saisi le 14 Nivose de l'an vi, il est conduit enchaîné
à Valence et de là à Grenoble où une commission
militaire le fait fusiller au mois de septembre de
l'an 1798. Il marcha au supplice avec une résigna-
tion qui émut les satellites du pouvoir , honteux
de diriger leur balles meurtrières sur un vieillard
inoffensif que la mort trouva calme et serein. Les
tendres adieux , les derniers conseils de celui qui
allait mourir, *salutant te morituri*, sont consi-
gnés dans une lettre écrite sous les verroux , testa-
ment précieux dont les clauses font la gloire du
martyr et l'éloge de ses bien aimés paroissiens.

Quand, le front ceint de lauriers , parut l'élu de
la Providence , debout au milieu des ruines et des
décombres , tous les regards se tournèrent vers
lui et l'espérance releva les âmes abattues jusque
là, au spectacle de la patrie en deuil. Le Buis salua
avec transport une ère nouvelle que consacraient
à la fois la gloire , la religion , l'ordre et l'autorité ;
mais sorti du gouffre profond où gisaient pêle et
mêle, les institutions, les monuments et les œuvres du passé , avec le titre de chef-lieu de canton,
il laissait derrière lui ses prérogatives de capitale,
ses priviléges locaux , ses établissements judiciaires, ecclésiastiques et administratifs. Le bailliage
supprimé faisait place à un modeste bureau de
conciliation. Fréres-Prêcheurs , Ursulines , reli-

gieuses du Tiers-Ordre avaient également disparu, balayés par la tourmente; seuls restaient des bâtiments, naguère l'asile de la prière, de la science et de la charité; restaient aussi des souvenirs, souvenirs doux que la reconnaissance devait perpétuer. La suprématie du Buis passa à Nyons et se traduisit au profit de cette dernière ville, par le siége d'un tribunal de première instance et d'une sous-préfecture embrassant dans leur juridiction toute la contrée des Baronies. Dépouillé de son antique prééminence, le Buis descendit au second rang et n'eut pour le protéger contre l'allure hautaine de son ancien vassal, que des parchemins et des diplômes délivrés par les siécles, mais impuissants à combattre l'ascendant d'un heureux rival qui avait pour lui l'avenir.

Malgré sa chûte et sa disgrâce, le Buis à conservé une importance que lui assureront longtemps encore et sa position et les nombreux rapports de vingt-trois communes, riches affluents dont s'alimentent son commerce et son activité. Sa population qui est de 2400 âmes, vit presque toute agglomérée dans l'enceinte, rendez-vous commun à l'agriculteur, à l'ouvrier et à l'artisan. Des ateliers de tannerie, des fabriques pour ouvrer la soie s'élèvent en divers quartiers qu'ils animent et vivifient, tandis que d'autres sont solitaires et privés de mouvement. La culture de l'olivier, de la vigne et du mûrier est traitée avec intelligence et témoigne de l'ardeur des habitants à étendre la somme de leur bien-être. Une luxuriante végétation distingue les bords de l'Ouvèze qui, féconds et arrosés, présentent un travail facile et peu coûteux; mais les coteaux, divisés par des murs en pierres sèches s'échelonnant de distance en distance, proclament la ténacité et l'énergie de l'homme luttant avec une nature ingrate que partout il assouplit, la forçant à produire et à le rémunérer de ses sueurs. Le vallon où est assis le Buis, comme une coquette villa se cachant dans la verdure et l'ombrage, est frais, gracieux et, par ses nuances tendres et variées, fait ressortir les tons âpres et monotones des montagnes qui l'entourent et l'abritent. Le climat, le beau ciel de la Provence, une température constamment douce, un air imprégné d'arômes, donnent au Buis une partie des avantages que les riches et les heureux du siècle vont demander à des pays lointains.

Des transformations heureuses ont modifié l'aspect extérieur de cette ville, accusant d'autres goûts et d'autres mœurs. Les remparts, derrière lesquels s'écoulait l'existence si souvent agitée des aïeux, sont tombés ou ne se dressent que mutilés et dégradés; les fossés comblés ont fait place à une promenade circulaire, là plantée d'arbres, ici couverte de jardins. Si de vieilles tours, si des murailles frappent encore les regards, elles n'ont rien d'alarmant et leur présence, en évoquant la mé-

moire d'une époque guerrière , nous ramène au
sentiment des conquêtes d'une civilisation née de
la paix et n'aspirant qu'à la paix. Entre l'Ouvèze
dont les flots sont contenus par une belle digue
construite en 1776 et les restes imposants de la
ceinture murée, l'édilité plus prévoyante aurait pu
ménager aux habitants un cours spacieux et réu-
nissant toutes les conditions d'agrément recher-
chées par le paysagiste et le rêveur. Il est à regretter
que les fossés aient été, de ce côté , aliénés ou
usurpés sur la commune ; sans ce laisser faire
inqualifiable de l'administration, le boulevard qui
décore aujourd'hui le levant, le nord et une partie
du couchant de la ville, embrasserait le périmètre
entier et constituerait un avantage utile à tous les
points de vue.

Ce vide et cet inconvénient sont rachetés, aux
yeux des amants de la belle nature, par le spectacle enchanteur qui leur est offert près de la porte
du marché ; la promenade s'allonge en effet à
l'orient et se développe sur un vaste carré. om-
bragé de platanes et laissant subsister, au milieu , un terrain nu dont le nom ancien d'*aire* me
dispense de rappeler la vulgaire destination. Cette
chaîne de montagnes abruptes , aux flancs cons-
tellés de bouquets de buis, de touffes de genêts et
de lavande ; ce donjon de la Roche-du-Buis étalant
sa silhouhette vaporeuse, ce sommet ardu portant le deuil de la ruine du château d'Ubrils , près

7

de soi un pont élégant jeté sur le torrent , une
eau tantôt limpide et tantôt troublée , puis la solitude et l'écho affaibli des refrains du chevrier, il y
a là des émotions répondant aux plus intimes besoins de l'âme.

Le temps et les exigences d'habitudes plus calmes n'ont pas seulement réagi sur la physionomie
martiale et belliqueuse que revêtait le Buis , aux
jours de la féodalité : leur action a pénétré dans
l'intérieur, disputant, pied à pied , le sol au
moyen-âge et substituant aux formes architecturales de la vieille société, des formes sans couleur,
sans type et sans éclat. Cependant toute empreinte
du passé n'a pas disparu ; l'archéologue le retrouve
çà et là , comme une sentinelle égarée dans un
camp ennemi. Des rues étroites , des croisées ,
quelques portes, des écussons, redisent encore une
autre époque , souvenirs des âges écoulés protes-
tant contre l'indifférence et l'oubli.

Des monuments qu'élevèrent les aïeux , beaucoup ne sont arrivés jusqu'à nous que travestis et
après avoir subi ou des changements déplorables
ou des réparations incomplètes et sans accord.
Les halles seules ont conservé leur cachet primitif et nous révèlent les secrets de nos anciens
bourgs. Quant à l'église paroissiale , elle est veuve
de sa nef, veuve de son chœur et de ses parures
ogivales ; une voûte assez élancée , des chapelles
rangées symétriquement ont remplacé le splendide

vaisseau que détruisirent les huguenots : deux chapelles et l'arceau gothique de l'ancien chœur sont les uniques vestiges échappés au vandalisme.

A M. Arsac, curé du Buis, et dont le zèle n'a reculé devant aucun obstacle, à son instante initiative, on doit la restauration de l'église actuelle. L'architecte heureusement inspiré dans le plan et l'exécution de la voûte, n'a pas su donner l'harmonie à son œuvre. Pourquoi le chœur, pourquoi les arceaux des chapelles et le grand portail d'entrée n'ont-ils pas été construits sous le type du tiers-point? La façade qui étale avec orgueil un ensemble de motifs tirés de l'architecture civile pourrait servir de prologue à une mairie, à un temple et à un modeste théâtre. Au point de vue de l'art, l'édifice soulève la critique; en échange il plaît aux fidèles; car dans l'intérieur tout est propre, bien tenu et favorable au recueillement. De nombreux tableaux décorent les murs, placés avec goût et d'une touche qui n'est pas sans valeur. Ils viennent de l'église des Dominicains, ainsi que la boiserie et les stalles du sanctuaire, œuvre admirable dont la pareille serait vainement cherchée en maintes cathédrales. D'autres objets méritent de fixer l'attention et parlent au cœur; c'est la Sainte-Epine, vénérée comme autrefois; c'est la statue de Notre-Dame-des-Victoires; elle est grossièrement sculptée, mais elle est chère au peuple; mais elle porte encore le projectile qui sauva la ville en donnant la mort à Cadart. Un autre souvenir de la délivrance miraculeuse de 1621, c'est l'échelle du pétardier; elle est à tort confinée dans la tour du clocher attendant patiemment un lieu de retraite plus honorable.

Le clocher accuse une pauvreté, une discordance que ne rachètent ni l'élévation ni la forme. Il consiste en une tour de médiocre hauteur se terminant en une terrasse d'où saille une cage en fer, humble réceptacle de l'horloge publique. A l'aspect de ce massif disgracieux, l'étranger, témoin des travaux d'embellissement qu'a opérés la municipalité, se prend d'étonnement et fait des vœux pour une plus grande extension des gloires du pays. Un étage de plus et sur cet étage une flèche élancée, serait-ce là un projet irréalisable? Tôt ou tard l'administration prouvera, en l'exécutant, que le sentiment du beau et de l'utile ne s'est point émoussé en elle.

Le monastère des Ursulines devenu Hôtel-Dieu, a peu dévié de sa destination première; car les Sœurs du Saint-Sacrement continuant les traditions de leurs devancières, se vouent également et avec succès aux pénibles labeurs de l'éducation. En face et liée par une galerie suspendue apparaît l'ancienne chapelle du couvent. Elle est livrée à des usages profanes et dans un état d'abandon qui fait redouter une ruine prochaine. L'acquisition de cet oratoire complèterait l'organisation de l'hôpital et sauverait en même temps un monument dont le mérite et le prix s'accroissent de la rareté des œuvres remarquables au point de vue de l'art ou de l'ancienneté. Des dimensions colossales ont valu à la maison des Dominicains le singulier privilége de résumer à lui seul, tous les édifices affectés aux emplois publics. On dirait un caravansérail sous lequel s'agite et se meut une population offrant toutes les bigarrures, tous les contrastes et toutes les variétés de positions sociales. Elle abrite à la fois le collége, le clergé, la gendarmerie, la justice de paix, la mairie, le commissariat de police et il y a encore du vide au service des futures exigences.

Les legs du passé debout çà et là dans l'enceinte ne nous sont point parvenus intacts : ceux du dehors ont subi plus profondément encore les ravages du temps, de la haine et du fanatisme. De l'antique donjon d'Ubrils, il reste à peine d'obscurs débris ; démantelé en 1580 par les ordres du duc de Mayenne, puis exposé aux injures de l'air et aux calculs de l'intérêt privé qui l'exploita comme une mine il a disparu pour ne vivre qu'en souvenir dans les annales du Buis. Le prieuré de Saint-Martin d'Ubrils avait été abattu par les huguenots et de nos jours on chercherait en vain quelques vestiges de son église et de ses bâtiments claustraux. Celui de Saint-Denys-de-Proyas, emporté dans le tourbillon du même ouragan, n'offre plus que de faibles décombres. Son église, relevée par les Domi-

nicains qui en devinrent les prieurs en 1594, était
le pieux rendez-vous où venaient demander leur
guérison les malheureux voués aux horreurs de la
rage par la morsure de chiens atteints d'hydropho-
bie. De toutes les chapelles rustiques qu'éleva la
foi des aïeux, au sein des coteaux et des vallons,
une seule a survécu ; c'est celle de Saint-Trophi-
me, second patron de la paroisse. Son site agreste
et sauvage qui domine l'Ouvèze et les campagnes
du Buis, frappe l'imagination et réveille au cœur
du pèlerin des pensées douces et mélancoliques.
L'oratoire est construit sur le rocher de Saint-Ju-
lien, ermite cher à la contrée dont il fut le bien-
faiteur et l'oracle ; sa vie pénitente et austère,
ses faits et ses miracles, racontés de père en fils,
charmaient autrefois les loisirs du pastoureau.
Aujourd'hui ballade, légende, gestes du solitaire
sont tombés dans l'oubli ; le positivisme de nos
mœurs a tué la poésie des souvenirs.

Si le Buis est déshérité de ces monuments qui
flattent l'amour-propre national et surexcitent la
curiosité, soit en raison de leur état de conserva-
tion, soit à cause des perfectionnements artisti-
ques qu'ils ont reçus des siècles écoulés, à celui
qui le visite, il présente du moins l'image du travail et de l'animation. L'expression du bien-être
n'éclate pas seulement dans la *place du marché*
si fière de ses ombrages et de sa fontaine, dans la
grand'rue et dans les faubourgs du nord et du cou-

chant qui sont généralement bien bâtis, on la retrouve même dans les rues et les quartiers dont l'aspect est le plus chétif. C'est que, mus par un esprit de patriotisme toujours vivace et toujours fécond en pensées généreuses, MM. Verdet, Brochery, Clément et tous leurs prédécesseurs depuis cinquante ans, ont constamment tendu à maintenir au Buis cet ascendant qu'exercent les petites villes sur les bourgs voisins, leurs tributaires naturels (1). Ils l'ont doté d'une compagnie de pompiers, d'une salle d'asile, d'un établissement des Frères et d'un collége. Cette dernière institution fondée en 1842 est appelée à propager l'enseignement supérieur et à répandre la culture des belles-lettres ; déjà elle a porté ses fruits. La jeunesse confiée à une direction intelligente et dévouée, s'instruit, se forme le cœur et se prépare aux plus honorables carrières. OEuvre municipale et gloire du pays, le collége prospère, se développe et atteindra rapidement un haut rang, secondé par un concours bienveillant qui chaque année se traduit en libérales allocations. M. Leydier, maire actuel et membre du conseil général, suit la voie de ses devanciers ; il a réalisé d'utiles améliorations réclamées par les

---

(1) L'ouverture de routes nouvelles, la création de la salle d'asile, l'une des premières du département, et la restauration de l'église ont notamment signalé l'administration de M. Verdet.

besoins physiques et moraux. A son administration la ville doit l'éclairage des rues, places et carrefours; la construction d'un nouveau pont sur l'Ouvèze témoigne aussi de sa sollicitude pour tous les intérêts. Arrivent encore quelques années et le premier magistrat de la commune et le mandataire du canton aura donné une plus forte impulsion à ce travail de rénovation auquel s'associent tous les habitants et la reconnaissance de ses concitoyens s'attachera à son nom comme une auréole dont l'éclat se projettera sur l'avenir.

Le Buis ressaisit graduellement son ancienne splendeur; bientôt une prééminence incontestée le dédommagera des coups que lui ont portés les révolutions. Des routes faciles et pittoresquement tracées le mettent en rapport avec Nyons, Carpentras et Gap et assurent un écoulement à ses produits ruraux ou industriels. Ses marchés suivis, des foires en renom, un sol se prêtant à toutes les cultures, ses établissements d'instruction, ses embellissements intérieurs constituent autant d'éléments de prospérité qui, mis à profit et sagement fécondés par un amour du pays natal aussi ardent qu'éclairé, font du Buis un centre de vie et de mouvement où convergeront toujours les populations des Baronies.

COPIE

De la lettre de M. l'abbé LUNEL, Curé du Buis, à ses paroissiens.

Prisons de Grenoble, le 7 septembre 1798.

Depuis dix mois, mes chers paroissiens, la mort plane sur ma tête et loin de me plaindre et de murmurer devant Dieu de la longueur de mes souffrances et de l'attente presque certaine d'une douce mort, je le bénis et le remercie de me préparer à paraître devant lui. Ah! mes bons et fidèles paroissiens, que je crains la rigueur des jugements de Dieu! soixante ans d'offenses, à peine dix mois de repentir, quel compte inégal à rendre! si notre divin rédempteur dont la miséricorde est infinie, ne pouvait d'un mot et d'une de ses grâces en rapprocher tous les intervalles! Ah! mes chers enfants, quand vous recevrez cette lettre, votre pasteur aura rendu le compte terrible dont la perspective le remplit d'une crainte salutaire, sans affaiblir l'espérance que le plus tendre des pères ne se refusera pas à un cœur contrit et repentant; cependant je m'alarme quelquefois en pensant que mon cœur devrait se briser de douleur au souvenir d'une vie qui n'est que péché continuel, et peut-être, n'ai-je qu'un repentir imparfait! Ah! mes chers enfants, qui me dira que je suis digne d'amour ou de haine? Ah! celui qui me dirait que je suis digne d'amour, me comblerait de joie. Quoi demain, dans deux jours au plus tard, je verrai mon Dieu, je le posséderai,

je jouirai de ce bonheur inaltérable toute une
éternité. Je deviendrai dans ce temps d'apostasie
votre intercesseur auprès de ce Dieu de bonté et
de miséricorde. Ah! mes chers enfants, quelle
belle destinée! Je pense et je sais moi-même que
vous priez pour moi chaque jour; beaucoup de
bonnes âmes de cette ville me rendent ce service
signalé et c'est ce qui me donne la plus grande
confiance dans la miséricorde de Dieu. Que ne
puis-je être auprès de vous dans ces derniers
moments, pour vous affermir de plus en plus dans
la foi de vos pères? Ne la perdez pas, mes très-
chers enfants, cette foi; méfiez-vous des serpents
enchanteurs qui pourraient vous séduire. N'oubliez jamais ce que je vous ai prêché si souvent,
que celui qui n'entre pas par la porte est un voleur
et un larron. Il vaut beaucoup mieux n'avoir
point de pasteur que d'avoir un pasteur merce-
naire. Un artifice commun à tous les hérétiques et
schismatiques est d'attaquer la religion par la religion même. Je veux dire qu'ordinairement ils se
parent de son manteau pour insinuer plus facilement leurs erreurs dangereuses. Ce sont des loups
déguisés sous la peau de brebis que Jésus-Christ
nous avertit de fuir et d'éviter. Fidèles à cet avis
salutaire du Sauveur, mes chers frères, vous vous
êtes tenus en garde contre les faux prophètes,
leurs artifices n'ont pu vous en imposer, vous les
avez connus à leurs œuvres, elles sont manifestes.

Vous avez senti que privés de la mission et de la juridiction ils ne peuvent qu'exercer un ministère de mort, qu'ils ne pouvaient être les ministres de l'Eglise, qui, loin de les avouer, les frappait au contraire de ses anathèmes. Vous n'avez vu en eux que les précurseurs de l'impiété. Hélas ! cette église constitutionnelle n'a que trop bien servi ses desseins, aussi triomphe-t-elle aujourd'hui, à l'aide de la corruption des mœurs, elle marche tête levée, elle ne garde plus de ménagements. Jésus-Christ, ses saints, son église, ses ministres, ses mystères, ses sacrements, sa morale ..... sont l'objet de ses railleries et de ses mépris. Il n'y a plus rien de sacré pour elle. Qui vous préservera, mes chers enfants, de ce torrent corrupteur ? La main puissante qui vous attacha à l'unité de l'église, lorsque vous vous trouvâtes exposés à tomber dans un schisme funeste. Oui mes frères, ce Dieu puissant et fort vous délivrera de vos ennemis, il vous dirigera par sa grâce dans les voies du salut, mais il demande vos efforts et vos soins. La grâce, si l'on n'y coopère pas fidèlement ne sert qu'à vous rendre plus coupable. Ne vous endormez donc pas, mes chers frères, dans une molle indolence, préservez-vous de cette indifférence, de cette apathie, de cette négligence qui sont les plus terribles fléaux de la religion. Que votre foi se montre par les œuvres. Une foi stérile est déjà morte. Or les fruits de la foi, c'est la pratique de toutes les vertus chrétiennes. Montrez-vous plein de douceur, de patience, d'humilité, de modestie, de chasteté et surtout de charité. Ah! mes enfants, aimez-vous les uns les autres, aimez même vos ennemis et vos persécuteurs. C'est le précepte du Seigneur. Oubliez les injures qu'on peut vous faire. Soyez fidèle en tout, observez exactement le jour du Seigneur. Que je voudrais, mes chers paroissiens, que vous puissiez lire dans mon cœur et dans mon âme et connaître les sentiments de tendresse dont je suis pénétré à votre égard. Dieu m'est témoin avec quelle ardeur je vous désire dans les entrailles de la miséricorde de notre Seigneur Jésus-Christ. Puisse ma mort vous être plus utile que ma vie! Je suis sur le point d'offrir mon dernier sacrifice, puisse-t-il vous obtenir la grâce de la persévérance dans le bien! Père saint, je suis sur le point de fermer les yeux aux scandales qui inondent la face de la terre, recevez la prière que je vous adresse pour ceux, que vous m'avez confiés, sanctifiez-les dans la vérité de la foi, afin qu'ils soient toujours unis dans le sein de votre Eglise.

Ainsi soit-il.

Recevez, mes chers enfants, mes derniers adieux.

LUNEL, *Curé du Buis,*
Ce 7 septembre 1798, le dernier et le plus heureux de mes jours.

Valence — Impr. Marc Aurel.

www.ingramcontent.com/pod-product-compliance
Lightning Source LLC
Chambersburg PA
CBHW060559100426
42744CB00008B/1253